発達障害者と自動車運転

免許の取得と教習のためのQ&A

梅永雄二
早稲田大学 教授
編著

栗村健一
鹿沼自動車教習所

森下高博
Mランド益田校
著

エンパワメント研究所

発刊に寄せて

一般社団法人全日本指定自動車教習所協会連合会は、教習所における障害者の受け入れを推進しております。その一環として、平成24年3月、先駆的な試みを行っている宇都宮大学と鹿沼自動車教習所の共同研究の例に注目して、発達障害者に対する教習を実施するための課題と解決策を模索するため、「発達障害者の教習に関するパイロット事業調査研究委員会」を設置しました。以来3か年にわたり、7回の委員会を開催したほか、50人のパイロット事業参加者の個別事例と2人の参考事例を重ねて、発達障害者の自動車運転免許取得における支援について検討しました。

本書の監修者である梅永雄二教授は、調査研究委員会の委員長を務められました。発達障害者と運転免許取得に関する実証研究はあまりなく、手探りの状態で調査研究を進めて参りました。そのようななか、梅永教授には専門的な見地から的確なご意見をいただき、調査研究の発展に大きく寄与されました。

調査研究の実施により、発達障害者の自動車運転免許取得においては、口頭での説明よりも視覚的な提示が有効であること、技能教習時の失敗や学科試験に不合格であった際の落ち込みに対する支援などが必要であることなどがあらためてわかりました。

平成17年4月には、発達障害者支援法（平成16年法律第１６７号）が施行され、また、平成23年8月には、障害者基本法（昭和45年法律第84号）が改正され、発達障害者が障害者に加えられました。そして、平成26年1月、障害者の権利に関する条約が批准され、さらに、平成28年４月には、障害を理由とする差別の解消の推進に関する法律（平成25年法律第65号）が施行されて、障害者の自立支援の重要性は一層増しており、車社会に等しく参加できる門戸を拡大し、発達障害者の生活環境を整備することは、時代の要請であります。

事例研究を行った鹿沼自動車教習所ではすでに発達障害者支援が行われていますが、現在も全国の教習所において免許取得に苦労されている発達障害の方がおられることと思います。全国の教習所職員を始め、発達障害のある方やその保護者や支援者にとって本書が運転免許取得の一助となることを願っております。

平成28年5月
一般社団法人全日本指定自動車教習所協会連合会 前専務理事　吉田英法

まえがき

2005（平成17）年4月に発達障害者支援法が施行されて、10年が過ぎLD（学習障害）、ADHD（注意欠陥多動性障害）、ASD（自閉スペクトラム症・自閉症スペクトラム障害）という障害名は多くの人に認知されるようになってきました。しかしながら、それらが具体的にどのような障害で、どのようなことに困難を示しているのかを知っている人は少ないものと思われます。

脊髄損傷によって車椅子を利用している人が移動に際して段差があると不便であるため、スロープを使用するほうがいいのではないかとか、視覚障害の人が交差点を渡る際に信号の色がわからないため、音声が出る交差点であれば渡りやすいとか、聴覚障害の人にはテレビ番組で字幕が出ると理解できることなどと、だいたいの予想がつきます。

しかしながら、発達障害者の場合、発達障害という名前は知っていてもどのようなことに困っているかがわかりづらいのです。LDの人の場合は、読むこと、書くこと、計算することなどに困難性を示すため、学校の勉強についていきにくいことが考えられます。ADHDは、注意が散漫なので忘れものをしやすい、あと先を考えずに衝動的に行動するのでミスを生じやすいという特徴があります。そして、ASD者はコミュニケーションや対人関係がうまくできないので、人間関係に支障をきたします。

以上のような状況が大人になっても続くと、社会参加や就労などの場面でも支障が出てきます。社会参加や就労を考える際、東京や大阪などの大都会では、交通網が発達しているので、移動が容易であるものの、地方で生活する場合、自動車での移動は欠くことができない交通手段となります。その自動車を運転する場合、国が定めた自動車運転免許証を取得しなければなりません。ところが、読むことに困難性を示すLD者は学科試験で苦労する人が多く、不器用さを重複するASDや不注意な特性のあるADHDは技能試験をうまくクリアすることが困難な状況です。

このような状況をふまえ、全日本指定自動車教習所協会連合会の協力のもと、栃木県鹿沼市の鹿沼自動車教習所（KDS：Kanuma Driving School）で発達障害者に特化した自動車運転免許取得に関するパイロット事業を始めることになりました。まずは、LDの人には学科、ASDやADHDの人には技能に困難性があるのではないかと考え、それぞれの対策を講じました。具体的には、教習所の指導員に発達障害の研修を実施、発達障害のある教習生と指導員の中をとりもつコーディネーターの配置、通所困難な遠方に在住する教習生のための居住支援などを実施しました。

しかしながら、実際に発達障害の人たちに自動車運転免許取得に関する指導を行ってみると、学科や技能以外のさまざまな側面で支援が必要なことがわかりました。それは、今までの家庭や学校での体験から自尊感情が著しく低下しており、免許を取ることに対する自信のなさ、集団に入ることの抵抗感、免許取得後の違反や事故の対応への困難性、果てはガソリンの入れ方がわからないなど、自動車を運転する技術とは異なる課題が生じてきました。

そのような課題を解決すべく、本書では大人になって必要となるスキルのひとつである自動車運転免許取得に関して、発達障害者の抱える課題を明らかにし、具体的支援方法についてQ&A形式でまとめました。

本書は、はじめに発達障害の特性について学び、発達障害者本人およびその家族が抱える自動車運転免許取得のための部門と自動車教習所の指導員等の教習者からの質問の部門に分かれています。それぞれの部門で生じそうな質問を作成し、その質問に答える形で構成されています。また、実際に自動車免許を取得した発達障害者本人の事例、および、先進事例として発達障害者の受け入れ態勢を整備している鹿沼自動車教習所と島根県益田市のMランド益田校の実践を紹介しています。

本書は、最初から順に読んでいく必要はありません。発達障害の人が自動車運転免許を取得する際に生じるであろう課題をできるだけ網羅していますので、必要なところからお読みいただけるようにまとめました。本書によって、発達障害者の社会参加が少しでも広がっていくことを期待したいと思っています。

早稲田大学 教育・総合科学学術院　梅永雄二

もくじ

Q&A 本人・家族編

Q&A 教習所・教習者編

事例〈本人編〉

事例〈教習所編〉

発達障害者の特性について

発達障害といってもいくつかの障害のタイプがあります。ここでは、「自閉症スペクトラム障害（ASD）」「注意欠陥／多動性障害（ADHD）」「学習障害（LD）」「発達性協調運動障害（DCD）」について説明します。

◎自閉症スペクトラム障害（ASD）

自閉症は、1943年にアメリカの児童精神科医レオ・カナー博士が、いくつかの特徴的な行動を示した11人の子どもたちについて「情緒的接触の自閉的障害」と題して報告し、翌年の論文で「早期幼児自閉症」と命名したのが始まりです。

アスペルガー症候群は、この症例を報告したハンス・アスペルガーというオーストリアの小児科医の名前から名づけられた診断名です。アスペルガーは1944年に「小児期の自閉的精神病質」というタイトルでカナーの症例と似たような子どもについての論文を報告しましたが、これはレオ・カナーの自閉症に関する論文発表とほぼ同時期でした。

現在、この自閉症とアスペルガー症候群な

どを合わせた形でＡＳＤ（Autism Spectrum Disorder：自閉症スペクトラム障害もしくは自閉スペクトラム症）という表現で統一されるようになりました。

・ASDの4つのタイプ

ＡＳＤの人は基本的に対人関係、コミュニケーション、想像力に困難性を抱えているといわれていますが、イギリスの児童精神科医であるローナ・ウィング博士はＡＳＤをいくつかのグループに分けて説明しています。

まずは「孤立グループ」。このグループは、まるで他人が存在しないかのような振る舞いをする。ほとんど表情がなく、ときたま人を横目で見るだけで、人がいても気づいていないかのように通り過ぎる。身内が苦しんでいても同情しない。パニックが起きやすい。などの特性があります。

次に「受動グループ」。このグループは他人との接触を受け入れ、比較的視線も合いやすく、従順で、言われたことに従うので遊びにも参加しますが、自分から他の人に関わることが乏しいグループです。

３つ目は「積極・奇異グループ」です。このグループは、他人に積極的に関わろうとするのですが、一方的であることが多く、相手の感情やニーズにはまったく関心をよせない自分本位の関わり方となるため、他者からは奇異に見えます。自分の思う通りにならないと機嫌が悪くなります。知的レベルは高いのですが、その能力にばらつきがあります（たとえば、パソコンは得意だけど文章が書けないなど）。

さらに、「形式ばった大仰なグループ」があります。青年期頃から成人に至るまでは目立った特徴はみられず、能力が高く、言語レベルも良好な人にあらわれます。過度に礼儀正しく、堅苦しい振る舞いをしますが、そのために本人は非常な努力をしているのです。人とのつき合い方がわからないために、厳格にルールにこだわって対処します。いわゆるマニュアル的対応といわれるもので、時間や状況の変化に応じて、適切な行動をとることが難しいグループです。

◎注意欠陥／多動性障害（ADHD）

注意欠陥多動性障害は、その名が示すように「不注意」「多動性」「衝動性」の3つの特徴で示される発達障害です。注意（Attention）欠如（Deficit）多動（Hyperactivity）障害（Disorder）の頭文字をとって〝ADHD〟と呼ばれています。

注意欠陥多動性障害は、学習障害（LD）と同様に学校や家庭そして職場などで問題となることが多くなっています。具体的にいえば、注意欠陥多動性障害の特徴の一つである衝動性が「切れやすい」ということにつながり、行為障害（Conduct Disorder）や反抗挑戦性障害（Oppositional Defiant Disorder）などを引き起こすことがあるからです。

行為障害とは、人や動物に対する攻撃性があり、また平気で嘘をついたり規則を守ることができない障害です。反抗挑戦性障害とは、かんしゃくを起こし、大人と口論をしたり大人に反抗するといった状態を示す障害です。

◉学習障害（LD）

学習障害（Learning Disablities）は、「読むこと」「書くこと」「計算すること」「推測すること」などが困難な発達障害の一種であり、教育現場における問題が顕著となっています。

文部科学省によると、「学習障害とは、基本的には全般的な知的発達に遅れはないが、聞く、話す、読む、書く、計算する又は推論する能力のうち特定のものの習得と使用に著しい困難を示す様々な状態を指すものである。学習障害はその原因として、中枢神経系に何らかの機能障害があると推定されるが、その障害に起因する学習上の困難は、主として学習期に顕在するが、学齢期を過ぎるまで明らかにならないこともある。

学習障害は、視覚障害、聴覚障害、知的障害、情緒障害などの状態や、家庭、学校、地域社会などの環境的な要因が直接の原因となるものではないが、そうした状態や要因とともに生じる可能性はある。また、行動の自己調整、対人関係などにおける問題が限局性学習症に伴う形で現れることもある」と定義されています。

学習障害の「読み」障害としては、撥音《はつおん》（飛んでの「ん」などの鼻音）、促音（小さい「ツ」などの詰まる音）、拗音《ようおん》（キャ、キュ、キョなどの小さい「ヤ、ユ、コ」）がわからない、「書き」の障害では鏡文字である「b」と「d」や「p」と「q」などが混乱する、「計算する」の障害では繰り上げや九九がわからないなどがあります。

◉発達性協調運動障害（DCD）

発達性協調運動障害(Developmental Coordinated Disorder：DCD）とは、身体に麻痺がないにもかかわらず極めて不器用な症状を有する障害です。たとえば、シャツの一番上のボタンが留められない、靴の紐がうまく結べないなどがこれに該当します。

発達障害は、明確に分類することが困難な場合もあるため、アスペルガー症候群＋ADHD、学習障害＋ADHDといった診断名をもつ発達障害者も存在します。

どの障害も、身体障害、知的障害、精神障害のいわゆる三障害とは異なる障害であるため、2004（平成16）年に発達障害者支援法が制定されました。

学習障害者の中にはIQ値によって療育手帳を取得している人がいます。この療育手帳は知的障害を証明する手帳であるため、手帳取得と同時に知的障害者となります。また、2011（平成23）年8月に公布・施行された、「障害者基本法の一部を改正する法律」により発達障害は精神障害に含まれるようになったため、精神障害を証明する「精神障害者保健福祉手帳」を所持している人もいます。

さらに、生育環境においていじめなどにあい、精神的なストレスからうつ病や統合失調症となる発達障害の人もいますので、そのような形で精神障害と関連する場合が生じることもあります。

Q&A

本人・家族編

本人・家族編

Q1 障害があっても運転免許を取得できますか

できます。どんな障害でも、障害があるから免許がとれないということはありません。精神障害者については、今までの行政上の区分では統合失調症、躁うつ病、てんかんが中心でしたが、発達障害も精神障害に含まれることになり、その範囲は拡大しました。これまでにも、数多くの精神障害者の方が免許を取得しています。

◉障害者手帳をもっていても、免許をとることができますか？

先に述べたように、障害者手帳と免許取得に関連はなく、免許の取得は可能です。ただ、いくつかの病気や障害については、欠格条項に示されている場合があります。それをふまえたうえで、医師の診断や他のさまざまな情報をもとに検討することになります。

◉運転免許取得の欠格条項について教えてください

以前はかなり厳しい基準がありましたが、法律が改正されてずいぶんと緩和されました。ただ、「一定の病気に係る免許の可否等の運用基準」というものがあり、統合失調症、てんかん、再発性の失神、不整脈を原因とする失神、その他特定の原因による失神、無自覚性の低血糖症、その他の低血糖症、躁うつ病、重度の眠気の症状を呈する睡眠障害、その他の精神障害、脳卒中、認知症、アルコール中毒症などの場合、医師の診断により自動車運転が困難と診断される場合には免許取得が難しくなります。

ただ、病名がつくと即欠格事項が適用されるのではなく、その症状のあらわれ方などについての医師の意見により最終決定がなされます。

◉免許取得にかかる費用と期間を教えてください

合宿制自動車運転免許取得コースなどでは期間が短く、10日ほどで金額も20万円以下という教習所もあります。

一方、通所しながら、しっかりと学科と技能の講習を受ける場合は、混雑の具合にもよりますが1か月半〜3か月の間で取得できる場合が多いようです。金額は自動車教習所によって、また乗り越し回数などによって異なりますが、20万円台後半〜40万円程度が多くなっています。

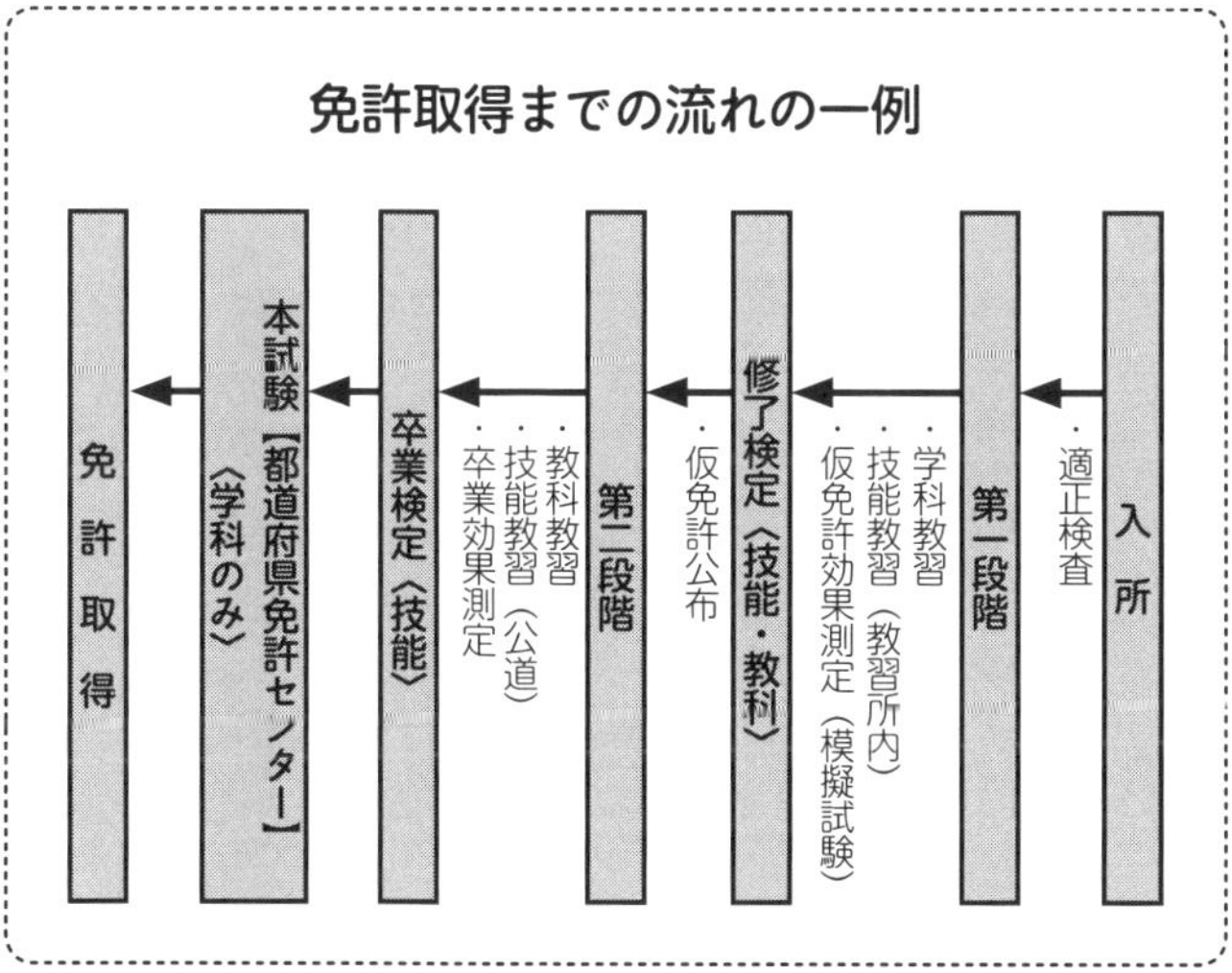

Q2

発達障害者対象のプログラムがある教習所を教えてください

身体障害者を対象にしたプログラムのある教習所は全国にありますが、現在、発達障害に特化した自動車教習所はごく限られています。栃木県鹿沼市にある鹿沼自動車教習所には、発達障害のある方の免許取得サポートプログラムがあります。

(詳しくは80頁へ)

◉発達障害者が教習を受ける際に助成や補助などはあるのでしょうか

自治体によって助成の内容は異なりますが、いくつかの例があります。

愛知県知立市では、身体障害者の場合は自動車教習所で技能を習得し、普通自動車運転免許を取得した際に必要な経費の3分の2以内の費用(限度額10万円)を補助しています。

また、熊本県山鹿市や広島県広島市では、この障害の範囲が広く、知的障害や精神障害(発達障害を含む)も対象となっています。

◉免許を取得した場合のメリットはありますか

行動範囲が広がるので、遠方のスーパーやショッピングセンターへ買い物に出かけることが可能になります。また、車で遠出したりなど、余暇の楽しみも広がります。

そして何より、地域によっては、車でないと通勤できないところもあるので、就職可能な範囲が広がります。さらに、車の運転が必要な仕事に就くなど職種選択の幅も広がります。

◉障害について教習所へどのように伝えればよいでしょうか

自動車運転免許を取得する際に支援してほしい点を説明したほうがよいでしょう。たとえば、LDの人で学科のテキストを読むことが困難な場合は、テキストを読みやすいようにアレンジしてほしいとお願いしたり、ASDで他者との接触が苦手な場合は、AED（自動体外式除細動器）や学科教習での個別指導が可能かどうかを問いあわせてみてください。

鹿沼自動車教習所の場合は、発達障害専門のコーディネーターが配置されているので、実際に指導する指導員に対してコーディネーターから障害についての説明してもらうことができます。

◉自宅で事前にできる学習があれば教えてください

技能はともかく、学科の参考書や問題集は書店で販売されています。

運転免許取得の有無にかかわらず、歩行者は信号が青の時にわたって、赤の時に止まるということは知っていることです。

しかしながら、進入禁止や追い越し禁止などの標識などについては、車を運転するためには新たに憶える必要があります。そのような標識については自宅でも十分に事前学習ができるものです。

Q3 教習所に通っている人について教えてください

教習所には、高校生（18歳以上）から高齢者まで、あらゆる年代の人が通っています。男性も女性も、外国人も障害のある人も、日本国内で自動車の運転をしようと考えている人であれば、誰でも運転免許が必要となるのでいろんな人が通っています。

18歳以上であれば上限はありませんが、70歳以上になると、高齢者講習（法定講習）を受講しなければなりません。

◉やはり若い人や学生が多いのでしょうか

日本では普通自動車運転免許を取得できる年齢が18歳以上となっているため、高校3年生から大学生になるまでの間に取得しようと春休みや夏休みは学生の教習生が多くなります。しかしながら、4月から7月、10月～12月などは学校の授業があるので、学生は多くはありません。

◉皆さん、どのような理由で免許を取得されていますか

人それぞれ理由はさまざまです。自宅の近くに店がなく、遠いところまで買い物に行かなければならないために、車が必要な人、子どもの学校や習いものの送迎のために車を利用する人、レジャーで車を利用する人、そして通勤で車が必要な人などがおもに免許を取得します。

◉居住地が遠方のため教習所へ通うことがむずかしいのですが

自動車教習所によっては合宿制度を設けており、寮が設置されているところもあります。

発達障害者向けのものでは、鹿沼自動車教習所に対して同じ鹿沼市内にあるＮＰＯ法人ＣＣＶが宿泊のサポートをしています（80頁参照）。その他、短期で宿泊できるアパートなどを利用して通っている人もいます。67頁のケイさんの事例も参考にしてください。

4つのマーク

自動車を運転する際に、車に貼るマークが4つあります。初心者用の若葉マークはよく見かけるので知っている人も多いと思います。ほかの3つのマークはご存じでしょうか？

初心者運転標識

免許取得後1年未満のドライバーに表示義務あり。

高齢者運転標識

表示義務はないが、70歳以上で身体機能の低下が運転に影響を及ぼすおそれのある人に努力義務。

身体障害者標識

表示は努力義務。車椅子マークの標識は、障害者が乗車していることを示すもので、運転を示すものではない。

聴覚障害者標識

聴覚障害者にはワイドミラーの装着とこの標識の表示が義務づけられている。

Q4
学科教習の内容・レベルについて教えてください

特別支援学校を卒業した知的障害のある人が免許を取得しています。文字が読めない重度の知的障害がある場合は難しいでしょうが、学科のテキストが読めて理解でき、交通標識が理解できれば、勉強が苦手でも免許を取得できる可能性はあります。

発達障害者向けのプログラムがある栃木県の鹿沼自動車教習所の場合は、コーディネーターが勉強の苦手な教習生に対し、懇切ていねいに学科の指導をしています（80頁参照）。

◉どれくらいのIQがあれば、免許を取得できるのでしょうか

発達障害者向けのプログラムがある鹿沼自動車教習所の実例をもとに調査したところ、発達障害の教習生約50人のうちで免許を取得した人のＩＱの平均は77・5で、最低値は48でした。ということは、ＩＱ50以上あれば可能性があるといえるでしょう。

86頁に鹿沼の自動車教習所の実績がありますので、参考にしてください。

◉問題の答えはわかっているのに○×を付け間違えてしまいます

注意力が散漫なＡＤＨＤの人によく見られる傾向です。問題と解答欄をきちんとを見直す訓練を行うことによって、そのようなケアレスミスを防

ぐことができます。

◉勉強に長時間集中できず、長い文章を読んで理解することも苦手です

テキストはともかく、学科の試験問題はそれほど長い文章ではありません。短い時間でもよいので、時間を区切って集中して取り組む勉強方法を繰り返すことで、この問題を克服することができます。

◉学科試験は、何回ぐらいで合格できますか

これは人によって異なります。一回で受かる人もいれば、何十回も受験する人もいます。最終試験は自動車教習所ではなく、地元の試験場または運転免許センターで学科試験を受験しなければならないため、新しい環境で緊張してしまうこともあります。

その対策として、自動車教習所では、実際の試験をモデルとして何度か試験を実施します。不安な部分を教習所に相談し、弱点を補強して取り組むことによって合格の可能性は高まります。

◉絵や図をみるのが苦手で理解しづらいのですが

ＡＳＤの人はヴィジュアルラーナー（visual Learner：視覚学習者）と呼ばれ、言葉や文字よりも絵や図での視覚的な提示のほうが理解しやすいといわれていますが、ＬＤの人は目から入ってくる知覚の認知を苦手とする人がいます。その場合、ボイスレコーダーに録音された試験問題を解いてみる、あるいは読み聞かせで学習すると効果があります。

◉勉強した内容を次の日には忘れてしまいます

テキストを暗記するというより、問題をたくさんこなすことによって、記憶の積み重ねを行うことが必要です。

◉知的障害や読み書き障害があっても教科試験をパスできるでしょうか

先に述べたように、ＩＱが50台の人も試験に合格しています。学習の方法によって学科試験をパスすることは可能です。

読み書き障害の人の一番の課題は、試験問題を読むことです。ＬＤの一種であるディスレクシア（Dyslexia：読字障害）の人は、文字を読むことは苦手ですが、設問の意味は理解できます。そのため、ボイスレコーダーや読み聞かせを行うなど、耳から問題の意味を理解させることが有効です。これを何度か繰り返すことによって、設問の一部を聞くだけで全体の意味が理解できるようになり、学科試験に見事パスした人もいます。

Q5 教習所への通所について

教習所へは毎日通う必要はありません。自分の体調に合わせて1日おき、あるいは週に2～3日といった通所でも十分に免許を取ることはできます。また、送迎バスがあることもありますので必要に応じて利用しましょう。

◉朝起きるのが苦手なのです

朝が苦手な場合は午後からの教習でも大丈夫です。ただ、試験の際には時間が決まっていることもありますので、そのようなときには教習所の担当者などと相談し、あらかじめ対応の仕方を考えておきましょう。

また、朝起きるのが苦手な人には、教習時間の1時間前に電話を入れるなどの、起こしてあげるという支援も考えてみましょう。

◉子どもが教習所に行かなくなってしまいました

教習所に通所できなくなる理由はさまざまです。学科が苦手でわからないため、だんだん嫌になってきた。不器用なので、技能教習で脱輪や急停車などのミスばかりしてしまい、やる気をなくした。指導員の指導が厳しく、怖くなって行きたくなくなった。教習所に苦手な教習生がいるので、いやになったなど、その原因を教習所に相談し、一つひとつ解決していくことが必要です。

また、視覚的に理解するためにスケジュールを立てるのもよいでしょう。スケジュール通りに進まなかった場合には、そのたびに新しいスケジュールを立て直し、精神的な不安を取り除いてあげましょう。

◉教習期間は、通常よりも長く必要ですか

発達障害の人の中でも、学科が得意な人、技能が得意な人、また逆に学科が苦手な人、技能が苦手な人など、さまざまです。それにより、教習期間もそれぞれ異ってきます。期間を気にすることなく、まずは教習所と相談し、自分の学習しやすい状態を検討し、あせらずゆったりと構えて教習に臨みましょう。

◉ざわついた場所が苦手で人目が気になります

技能教習では、基本的に指導員と2人です。学科教習では、10人以上といった場合もありますが、授業中は静かです。

しかし、学科と学科の合間、学科と技能の合間などの休憩時間にはざわつくことがあります。気になる場合には教習所へその旨を打ち明け、一人の場所を確保してもらえないかなど、相談してみましょう。

◉合宿方式のメリットとデメリットを教えてください

合宿制のメリットは短期間（10日～2週間ほど）に割安で免許を取得することができることです。しかし、その期間は教習所と合宿所に缶詰め状態になります。合宿先によっては、大人数で相部屋のこともあり、対人関係が不得手なＡＳＤの人などは苦手な人も多いようです。

◉指導員や他の教習生との接し方について教えてください

一般的な教習所では発達障害の人への接し方の指導は行われていません。ですから、入所時に発達障害であることをこちらから伝えて、理解と協力を求めましょう。

発達障害プログラムがある鹿沼自動車教習所では、発達障害者に対応できる指導員が配置されます。ですから、指導員との接し方に気をつかう必要はありません。教習生どうしでは、顔なじみとなり親しくなる人もいますが、対人関係が不得手であれば、別室において一人休憩することもできます。

Q6

技能教習について

最初から自信をもって運転できる人はいません。たとえ自転車であっても、乗り始めは誰もが不安定です。しかし、何度も繰り返し乗ることにより、安定して運転できるようになります。自動車も同じです。何回も運転するにつれ、自動車の感覚が体に染みついてくるようになります。そうすると徐々に自信もついてきます。

◉延長技能教習（乗り越し）はどれくらいですか

技能教習に要する時間は人によって異なります。早く免許を取得することを考えるよりも、きちんと技能をマスターして免許を取得することが望ましいので、時間や期間を気にしないほうがよいでしょう。

◉坂道発進や進路変更などの操作手順が覚えられません

従来、マニュアル車で教習を受けていた人たちにとっては、微妙なクラッチさばきが必要となる坂道発進は難しい課題の一つでした。しかし、今はよほどの希望がない限りオートマチックの教習車で練習をします。ですから、坂道発進でエンストを起こすなどということは少なくなりました。

進路変更については、後続車との距離感がサイドミラーのみではわかりづらいため、ルームミラーに後続車が映った余裕のある状態であれば、十分な距離が保たれているので進路変更は可能だと教える場合もあります。いずれにしろ、進路変更はミラーのみではなく自分の目で目視をしてから行うことが必要です。ASDの人の中には距離感をつかむのが苦手な人がいます。一つひとつの手順を分けて覚えるなどの工夫も大切です。

◉発達障害の人がつまずきやすい技能項目はありますか

発達障害の中でもASDは、発達性協調運動障害（DCD）を重複している不器用な人がいます。そのため、ハンドル操作が早すぎたり、逆に遅すぎたり、また急ブレーキをかけてしまうということもあるでしょう。

高機能ＡＳＤ当事者であるテンプル・グランディンさんは、自動車運転について次のように述べています。「交通標識がわかり、自転車の運転ができれば自動車の運転も大丈夫だ」と。

◉高速教習で注意することはありますか

高速道路ではある一定のスピードを出さないといけませんが、高速道路には信号や交差点はなく、歩行者や自転車と出合うことがないため、運転しやすいという人もいます。

追い越し車線ではなく、走行車線（一般的に左側の車線）を走っている場合、スピードも安定しており、車間距離も取りやすく、一般道路よりも交通事故が少ないのが高速道路です。ただ、運転が単調なため眠気が出てくることがあるので、ある程度（一般的には2時間）走ったらサービスエリアで休憩を取ることをすすめています。

◉少人数で行うＡＥＤ研修が不安です。人と接触するのが苦手です

ＡＥＤ研修を受けるうえでの不安な思いを伝え、個別に講習を受けることができるかなどを教習所に問いあわせてみましょう。

Q7 免許取得後について

一般的に自動車運転免許の取得後、教習所で支援を受けることはほとんどありません。ただし、高齢者や身体障害者の場合には、再講習制度や相談窓口などを設けている教習所もあります。

発達障害者向けのプログラムがある鹿沼自動車教習所では、免許取得後の支援も行っています。不安であれば、しばらくはコーディネーターと一緒に乗りながら慣れていくという方法も取れます。

◉車を買うにはどうしたらいいのですか

自動車は高額です。購入の際はまずは家族と相談することをおすすめします。新車の場合はディーラーという自動車会社の販売店で購入することが多いでしょう。しかし、最初から新車を買うのが不安であれば、中古車でもよいでしょう。ディーラー、中古車販売店、どちらも電話帳やインターネットで見つけることができます。

また、自動車を購入する場合には車庫証明が必要です。新車の場合は自動車販売会社が対応してくれますが、誰かからもらった、あるいは引っ越した場合などは自分で最寄りの警察署に行って車庫証明を取る必要があります。

◉レンタカーを借りるのはどうしたらいいのですか

レンタカーショップは駅のそばなどに店舗があることが多いようです。免許証を持参し、自動車の車種を選び、借りる時間やガソリン補給ルール、自動車保険などを確認した後、借りられます。

◉駐車場に車を停めるにはどうしたらいいのですか

技能教習で習う「方向転換」は車庫入れのことです。スーパーマーケットやイベント広場の駐車場などでは、ラインの中に自動車が入るように駐車します。

また、買い物等で有料の駐車場に駐車する場合は、駐車時間によって料金があがることも知識として知っておく必要があります。ほかにも公道のパーキングや時間単位で加金されるコインパーキングがあります。

◉違反や事故を起こしてしまった場合対処の仕方がわかりません

発達障害の人の中には、コミュニケーションを取ることが難しい人がいます。ですから、違反や事故を起こしたら、まずは警察官に自分が発達障害者であることを伝えるとよいでしょう。そのうえですぐに支援者に連絡し、自分ひとりで解決しようとせずに、違反や事故に対しては支援者に中に入ってもらうことをすすめます。

自動車の運転には危険がつきものです。ですから万が一のために自動車保険に入っておくことも大切です。自動車保険の内容は年齢や車の種類、保険料などによって異なるので、第三者に相談し、最もよい保険に加入しましょう。

事故が起きた際の手順を下のような簡単な表にして、車に載せておくことも一つの方法です。手順表の情報は、本人が理解できるもので、かつ、最低限の安全を確保できる内容が望ましいでしょう。

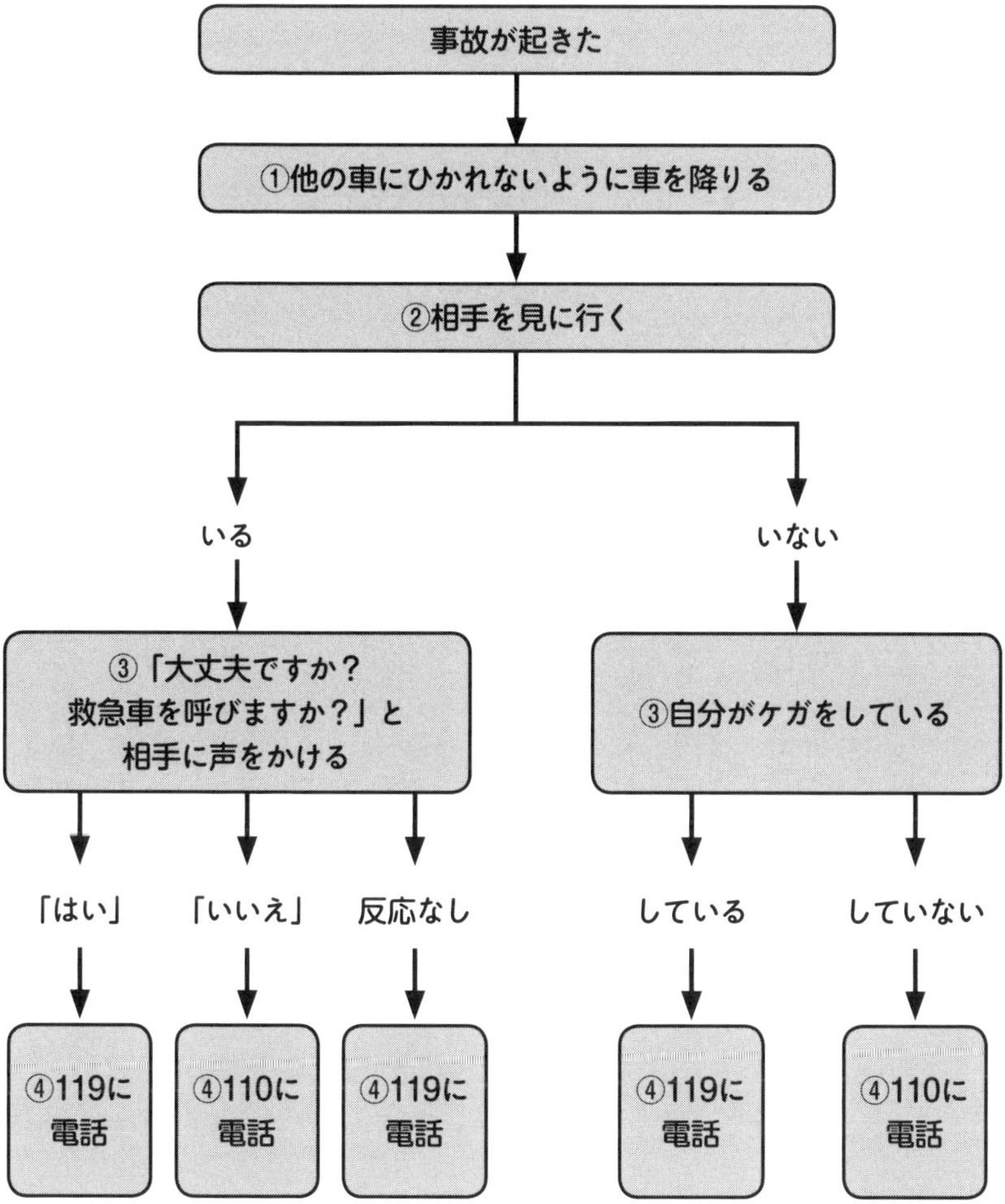

＜鹿沼自動車教習所＞

◉ガソリンの入れ方（給油）がわかりません

ガソリンスタンドには、スタッフが常駐してガソリンを入れてくれるスタンドと、自分でガソリンを給油しなければならないセルフと呼ばれるスタンドがあります。スタッフがいる場合には、ガソリンの量や金額を伝えると入れてもらえることが多く、初心者でも安心です。一方で、セルフスタンドの場合は方法が簡素化されているうえ、どこでもほぼ同じ手順のため、ＡＳＤの人の中にはセルフスタンドのほうが楽だという人もいます。

また、自動車によって、ガソリンの給油口が右側だったり左側だったりするため、まずは自分の車の給油口がどちらに設置されているかを覚えておきましょう。

セルフスタンドでの給油方法は以下の手順です。

①指定油種を確認
②給油口の位置を確認
③（左に給油口がある場合）給油ノズルの右側の白いライン内に駐車し、エンジンを切る
④油種を選び、次に量を選択
⑤静電気除去装置に必ず触れる
⑥選択した油種のノズルを給油口に押し込み給油開始（ガソリンは赤、ハイオクは黄、軽油はみどりと法律で決まっています）
⑦設定した量や料金で勝手に止まる
⑧ノズルを元の位置にもどし、給油キャップを締めて完了

◉車が故障したときはどのように対処したらよいでしょう

自分ひとりで対応する必要はありません。現在

さまざまな自動車保険の会社でロードサービスが実施されており、事故だけではなく故障時の対応をしてくれるような保険会社が増えてきました。

また、ＪＡＦ（日本自動車連盟・JAPAN AUTOMOBILE FEDERATION）という一般社団法人があります（入会には年会費が必要）。事故や故障のため自走不可能になった自動車のけん引、キー閉じ込み、バッテリー上がり、落輪・落ち込み、スリップ、パンク、燃料切れなどについて対応してくれます。万が一に備えて加入しておくことをおすすめします。

◉免許があれば就職できる職種を教えてください

自動車そのものを使って行う仕事には、タクシードライバー（二種免許が必要）、代行運転業者（二種免許が必要）、バス（大型二種免許が必要）やトラック運転手（大型免許が必要）、自動車教習所の指導員（指導員免許が必要）、宅配便会社のドライバー、自動車販売店のスタッフ、ホテルで働くサービススタッフ、レンタカーショップのスタッフ、自動車整備士などがあります。また、青果店や鮮魚店、農業などの数多くの職種でも、荷物を運ぶために自動車を使います。その他、営業、消防士、警察官、自衛官、郵便局職員など、自動車運転が必要な場合が多く、自動車免許を持っていれば有利な職業はたくさんあります。

◉免許の更新について教えてください

自動車運転免許取得後は、運転免許証に記載されている有効期間内に免許の更新を行わなくてはなりません。この期間を過ぎると、運転免許証は失効になってしまいますので注意が必要です。

運転免許の更新手続きは、運転免許センター・

試験場・警察署のいずれかで行うこととなりますが、優良運転者・一般運転者・違反運転者・初回更新者によって更新手続きを行う場所は異なります。更新前に詳細を記載したハガキが送られてくるので、それに従って手続きを行ってください。

・有効期間

更新までの期間は、免許証の色（ゴールド、ブルー、グリーンの3色）によって異なります。最初に運転免許証を取得した場合に交付されるのが「グリーン免許」です。運転免許取得時から3年間は運転免許証の有効期間部分が「グリーン」になっており、最初の更新時にブルー免許に切り替わります。基本的にブルー免許の有効期間は「3年間」となっていますが、平成14年の道路交通法の改正では「過去5年間に軽微な違反1回（3点以下）のドライバーは、ブルー免許でありながら有効期間が5年間」となっています。

もっとも有効期間が長いのがゴールド免許です。ゴールド免許は「運転免許証の有効期間が満了する日の前5年間、無事故・無違反の優良運転者」の場合に交付され、運転免許証の有効期間部分が「ゴールド」になっています。ゴールド免許証の有効期間は5年間です。

・必要書類

更新に必要な書類は、運転免許証、更新連絡書（ハガキ）、運転免許証更新申請書（運転免許センター、試験場、警察署にあります）、申請前6か月以内に撮影した縦3㎝×横2・4㎝の申請用写真1枚（都道府県によって異なりますが、運転免許センター、試験場で更新手続きをする場合は不要の場合が多いようです。更新連絡書に必要かどうか記載されています）。

高齢者の場合は高齢者講習等の終了証明書（更新期間満了の日の年齢が70歳以上の方）、メガネ・

補聴器など、印鑑（署名でも原則ＯＫ）、外国人の場合は外国人登録証明書が必要です。
　更新費用は以下のとおり違反をした人や、初回更新者にくらべ、一般運転者や優良運転者は安くなっています。

運転免許更新費用

講習区分	更新手数料	講習手数料	合計
優良運転者講習受講者	2,500円	500円	3,000円
一般運転者講習受講者		800円	3,300円
違反運転者講習受講者		1,350円	3,850円
初回更新者講習受講者		1,350円	3,850円
高齢者講習受講者等		（注）	2,500円＋高齢者講習

（注）高齢者は講習受講時に別途料金が必要となります。

Q8 その他の気になること

◉先の予定がわからないとすごく不安になってしまいます

スケジュールやタスクを管理できるリマインダー等を使って、教習所に入所してから最終試験までの大まかなスケジュールを立て、一か月、一週間など詳細な予定を視覚的につくってみましょう。ひとりでつくるのが困難であれば、教習所と相談しながらつくるとよいでしょう。

◉発達障害ゆえに免許の取得に至らなかったケースがあれば教えてください

発達障害ゆえにという理由ではなく、精神的に不安定で教習所に来れなくなった人がいました。電話を入れたりいろいろなサポートを試みたのですが、本人が自動車教習を受ける意思がない場合はいたしかたありません。

発達障害の特性である読み書き計算が苦手なLD、不注意な面があるADHD、対人関係やコミュニケーションに問題を抱えるASD、それぞれの課題については、発達障害に応じた支援体制を構築することにより免許取得は可能と考えています。

◉普通自動車とバイクの免許は、どちらを先に取得するほうがよいでしょうか

どちらが先ということはありません。年齢的に

は16歳で免許取得が可能なバイクの免許を先に取得可能だと考える人もいますが、事故を起こした際にヘルメット以外は無防備な状態のバイクにくらべて自動車は車の中にいるので安全性は高いといえるでしょう。そのため、バイクの免許をとらずに自動車の免許をとる人は数多くいます。自動車の免許を取ってしばらくして、風を切る颯爽感を味わいたいとバイクの免許を取得する人もいます。好みも時期もは人それぞれです。

◉教習中に困ったことや問題が生じた時どこに相談したらよいでしょうか

誰でも何かにチャレンジするときは、悩みがつきものです。しかし、自動車運転免許取得後の楽しさを考えることにより、頑張ろうという意識が湧いてくるものです。一人で考えるのが不安であれば、教習所の人や発達障害者の支援に詳しい方に相談してみましょう。

鹿沼自動車教習所には発達障害者に特化したコーディネーターが配置されています。まずは、どんなことでもコーディネーターに相談してみましょう。

◉発達障害があって免許を取得した人に話を聞きたいのです

栃木県の鹿沼自動車教習所（80頁）や島根県のMランド（87頁）では、発達障害のある教習生に直接指導しています。そのような教習所に問い合わせてみるとよいでしょう。60～79頁に免許を取得した6人の事例が載っています。

Q&A

教習所・教習者 編

教習所・教習者編

Q1 発達障害の人への教え方や伝え方のコツについて教えてください

12～16頁で発達障害にはいろいろなタイプがあることを説明しました。それぞれの特徴を知ったうえでの対応が必要です。ここでは、自動車教習所での具体的な場面に沿って説明していきます。

◉何が苦手で何が得意かを知る

発達障害とひとことで言っても、ＬＤ、ＡＤＨＤ、ＡＳＤではその特性は異なります。

ＬＤの７割を占めるといわれているディスレクシア（読字障害）は、文字や文章を読むのが困難なため、学科試験が課題となります。しかし、オーディトリーラーナー（Auditory Leraner：聴覚的学習者）と呼ばれるように、読むことは困難でも聞くことは得意な人が多いので、そのような場合には読み聞かせにより学習すると理解が早まります。

ＡＤＨＤは、不注意、多動、衝動性で定義されますが、自動車運転免許で問題となるのは不注意な特性です。自動車を運転しているときに「ボールが転がってきた後には子どもが来る」といった教習がありますが、そのようなときに前を見ていなかったとしたら大きな事故につながってしまいます。同じようなことは左折する際の自転車やオートバイの巻き込み、車線変更、信号が変わった際などいたるところで生じる可能性があります。そのため、不注意な状況でいるとどのような点で問題を生じるかといったシミュレーションを行い、何度も繰り返して指導する必要があります。

ＡＳＤの人の中には発達性協調運動障害を重複している人が多く、S字、クランク、方向転換（車庫入れ）などで脱輪したり、ぶつけたりする可能性があります。しかし、車の運転には慣れもありますので、時間をかけてゆっくりと教習を行うことにより、少しずつ技術は向上してきます。

ＡＳＤの人はこだわりが強いので、免許取得後は交通法規をきちんと守り、事故が少ないということもあります。事故は不器用だから生じるのではなく、きちんと法定速度を守らない場合などに生じるのです。

◉教習生の障害について本人に尋ねてもよいのでしょうか

たとえば、お腹が痛いと病院に行った場合、医師が患者さんに何も聞かずに薬を出すことはなく、どこが痛いのか、どのように痛いのかを知ったうえで、適切な処方箋が書けるのと同様に、教習生に本人の障害について尋ねることは間違ったことではありません。

教習生本人が発達障害（あるいは発達障害と疑われる）としての支援を希望している場合、教習生に障害特性を尋ね、どういったことに困り感があるかを確認することは、その後の教習に役立ちます。

ただ、教習生に発達障害の特性が疑われる場合でも、本人がその意識がなく、あまりカミングアウトを望んでいない場合などがあれば、慎重に対応する必要があります。教習所の支援体制と教習生の関係を検討したうえで対応を検討すべきです。

◉困りごとや問題を抱えた場合、どこへ相談すればよいでしょうか

発達障害者向けのプログラムがある鹿沼自動車教習所の場合は、発達障害に詳しいコーディネーターが配置されています。教習所内で困りごとがあれば、コーディネーターに相談することができます（80頁参照）。専門家が配置されていない場合は、地域の発達障害者支援センター（103頁参照）に相談に行くとよいでしょう。発達障害者支援センターとは、LD、ADHD、ASDなどの発達障害児者の総合相談窓口です。

◉障害のある方へ言ってはいけないこと、してはならないことを教えてください

たとえば脊髄損傷によって歩けなくなった場合、車椅子を使って移動することになります。そのような人に向かって「立って歩きなさい」とは言わないでしょう。全盲の人に「見なさい」、聴覚障害の人に「聞きなさい」とも言わないのではないでしょうか。

では、発達障害の人に対してはどうでしょうか。脳の器質的損傷により、読むこと、書くこと、計算することの機能がうまくできないLDの人に読み書き計算を強要する、対人関係が不得手なASDの人に「社交性を身につけなさい」と言ってしまうことがあるのではないでしょうか。これらは、障害特性をきちんと把握していないから生じるものです。ですから、障害のある人たちへ言ってはならないことは、障害があるが故に対処できないことを、強要するような指示や指導をすることです。

Q2 教習の場面別の配慮方法について教えてください

教習所の「学科」「技能」のほかに、「AED・応急救護教習」「試験」「通学」「人間関係」について、各場面での配慮すべき点を説明します。

◉学科

「読み」に困難性を抱えるＬＤの人は問題文を読むことに障害があるのですが、ただ単に文章を読ませるという指導よりは、ボイスレコーダーに録音した問題文を耳から学習するということなども有効です。

映画俳優のトム・クルーズは、ＬＤの一種であるディスレクシア（読字障害）があるため、映画のシナリオを読むことができず、シナリオはすべてボイスレコーダーに録音してもらって、それを聞きながら覚えるのだそうです。

学科が苦手な教習生については、Ｑ３で詳しく説明します。

◉技能

ＡＳＤの人の中には発達性協調運動障害という不器用な特性を重複している人がいます。技能教習においてはハンドル操作がうまくいかず、脱輪するということもあります。しかし、自転車の運転同様、自動車の運転も慣れが必要です。何度も運転練習を繰り返すことによって、不器用な人でも交通法規に則ったレベルでの運転技術を身につけることができます。

また、運転練習用ドライビングシミュレーター というコンピューターを使った自動車の運転走行のシミュレーション装置を用いて、急制動の練習や高速道路、雪道などの運転練習ができます。

◉AED・応急救護教習

現在の教習制度では、教習の項目として事故時の対応を学ぶ必要があります。それが、応急救護教習です。事故時の対応や、等身大の人形を使った心臓マッサージの練習やAED（自動体外式除細動器）の使い方を学びます。この教習では、何人かに「心臓マッサージをする人」の役、「AEDを持ってくる人」の役といった役割を割り当てて、実際に事故時の想定で声をかける練習や実際に人形に心臓マッサージをします。

ASDの人は、人と関わることが苦手な場合が多いため、AED教習などのグループ行動が必要なものは個別で実施するなど、対応を検討してみましょう。

また、応急救護のマニュアルが配られ、心臓マッサージやAEDの詳しい使い方のほかに、「止まっている事故車両に他の車両がぶつかってしまう」などの二次事故の発生を防止する手順など詳細な情報が示してあります。

ただし、交通事故の種類はそうした人身事故だけでなく、物損事故もあります。車と車がぶつかる事故の場合もあれば、車がガードレールにぶつかる事故などもあります。物損事故に関しては、シミュレーションなどは現在の教習にはないのが現状です。

★試験

免許センターで受験する最終試験の前に、教習所でも何度も試験を実施します。まずは、教習所に入所するとコースを運転する第一段階が始まります。ある程度コース内で運転できるレベルになると、中間試験である修了検定があり、これに合格すれば、実際の道路を走る第二段階に入ります。それをすべて終え、卒業検定に合格した後は、免許センターでの本試験となります。本試験に合格すれば、晴れて免許を取得することができます。

発達障害の人が試験を受ける場合は、できるだけ実際の試験場と同じような環境を設定し、シュミレーションすることが効果的です。

◉通所

一般的な自動車教習所の場合は、通所が困難である理由をきちんと把握して対応します。たとえば、遅刻しがちな理由が寝坊であるならば、通所時間の1時間前に電話連絡するなどの支援もおすすめです。ただ、引きこもり気味の人の場合は、強制すると外出への不安が強まるため逆効果になります。休んでしまった場合は、次回の通所の方法や修正案を伝えることで、不安を取り除くことができます。

発達障害者向けのプログラムがある鹿沼自動車教習所では、他の教習所と同様に教習所のマイクロバス等で通所することができます。しかし、遠方で通所の困難な人たちのためには、同じ鹿沼市内にある知的障害者や発達障害者の支援機関であるNPO法人CCV（Creative Communication Village）に依頼し協力してもらい、寮生活のもとで通所することもできます。CCVはフリースクール、就労センター、就労移行支援の他にデイアクティビティセンターがあり、発達障害の人に特化した支援をしています。このように、地域のNPOなどの発達障害者の支援団体から協力をあおぐ方法もあります。対人関係が困難で寮生活が不得手なＡＳＤの人の場合などは、近くのアパートにショートステイをお願いいし、通所する人もいます。

◉人間関係

対人関係やコミュニケーションが困難なＡＳＤの人の場合は、無理に人間関係を強要せずに、本人たちに合った支援体制を構築します。

ＡＥＤの研修では数人でグループ研修を行いますが、そのメンバーの中の茶髪の人に恐怖感を示す女性の教習生がいました。その場合は、彼女には個別にＡＥＤの研修を行いました。

合理的配慮とは

障害者の権利に関する条約「第二条　定義」において、「合理的配慮」とは、「障害者が他の者と平等にすべての人権及び基本的自由を享有し、又は行使することを確保するための必要かつ適当な変更及び調整であって、特定の場合において必要とされるものであり、かつ、均衡を失した又は過度の負担を課さないものをいう。」と定義されています。

つまり、合理的配慮とは、障害をもっている人たちの人権が障害のない人びとと同じように保障されるとともに、教育や就業、その他社会生活において平等に参加できるよう、それぞれの障害特性や困りごとに合わせて行われる配慮のことを意味します。2016年4月に施行された「障害者差別解消法」（正式名称：「障害を理由とする差別の解消の推進に関する法律」）により、この合理的配慮を可能な限り提供することが、行政・学校・企業などの事業者に求められるようになりました。

ちなみに、学校教育における発達障害児に対する合理的配慮の例としては、読み書きに困難があるLD児に対しては拡大教科書やタブレット、音声読み上げソフトを利用する。周りの刺激に敏感で集中し続けることができないASD児には、仕切りのある机を用意したり、別室でテストを受けられるようにする。集中力がなく指示の理解に困難を示すADHD児に対しては、指示を一つずつ出すようにしたり、見通しが立つようにその日の予定をカードや表にして確認できるようにするなどが合理的配慮の一部です。

Q3 学科が苦手な生徒への対応法を教えてください

発達障害の中でもＬＤ系の人は読字障害により文章を読むことに苦手さを感じる人がいます。ですが、耳からの学習は理解しやすいことがあるため、指導員やコーディネーターからの読み聞かせで勉強を指導するなど、勉強法を変えると理解できることがあります。

◉学科試験での不合格から立ち直れず、ずっと落ち込んでいる

学科試験の不合格には、試験そのものが理解できなかった場合もありますが、試験場での緊張感から生じる場合もあります。ただ、試験問題はある程度パターン化されているものが多く、何度も繰り返し練習問題を行うことにより、どの問題が解きやすく、どの問題がひっかかってしまうかがわかってきます。そのため、引っかかりやすい問題を選び、集中してその問題を解いていくことにより、パターン化して学習することをおすすめします。

また、精神的なフォローに関しては、試験に不合格の人はいっぱいいるので、あせらずにいつかは受かるからといった安心感を与えることが必要です。実際、本試験会場で60回も試験を受けた人もいます。

◉勉強への意欲が湧かない

どのような勉強もまず意欲をもつことが大切で

す。自動車運転免許取得に関しては、車を運転したい、そのために運転免許がほしいという人たちが挑戦するものです。意欲がわかないという場合は、免許を取ったあとのことを想像してもらうことが必要です。免許取得後には、家族の車を運転することになるかもしれないし、新車・中古車を含めて車を購入することになるかもしれません。その際にはどんな車がいいか、いろいろな車のカタログを見るのもいいし、自動車を販売しているディーラーを訪問するのもいいでしょう。また、車を運転できるようになったら、買い物に行こう、ドライブに行こうなど自動車運転免許を取得した後の楽しいイメージを思い浮かべることがモチベーションの向上につながります。

Q4

何度伝えても忘れてしまう、思いが伝わらない場合のよい方法を教えてください

いろいろとミスが多い場合など、言葉の指示だけでは伝わりにくい場合があります。では、どのように伝えるとよいのかについて具体的に説明をします。

◉教習や送迎の予約を忘れてしまう

ＡＤＨＤの特性は不注意、多動、衝動性ですが、このなかでも不注意というのは言われたことを聞いていない、持ってくるものを忘れてしまうなどの行動があり、自動車教習所では、教習や送迎の予約を忘れてしまうことが考えられます。

その場合、リマインダーを使うことが有効な場合があります。リマインダーとは、あらかじめ設定した時刻に電子メールなどで予定を通知する機能やサービスのことです。スマートフォンのアプリケーションやタイマーなどを使って、教習や送迎時間の前に(人によっては1～2時間前など)知らせてくれるようにセットしておくことも有効でしょう。それでもどうしても忘れてしまう場合は、教習所の担当者と相談し、時間を決めて連絡してもらうこともよいでしょう。

時に行わなければなりません。これは同時処理能力といって、発達障害の人には難しい行動のひとつです。運転中は運転に集中するあまり、人の話などは入ってこないことがあります。また、ていねいに説明といっても、それは主観的なものであり、発達障害の人にとってはていねいな説明になっていないかもしれません。ていねいな説明というよりもわかりやすい説明をおすすめします。同時処理が困難な人が運転中にミスをした場合、まずは一時停止をし、そこで説明をしたのちに、また運転教習を再開するというような指導が必要になります。

◉説明しても同じ失敗を繰り返してしまう

ＡＳＤの人はビジュアルラーナー（視覚学習者）、ＬＤの人はオーディトリーラーナー（聴覚学習者）とも呼ばれるように、発達障害の人でもその学習の方法が異なる場合があります。

つまり、説明もＡＳＤの人には視覚的に絵や図を用いて行うことにより理解が容易になり、ＬＤの人の場合は言葉で説明したほうがいい場合があります。失敗の中身にもよりますが、実際にモデルを示して説明する、失敗した所をピンポイントで復習するなどの方法も有効な場合があります。

◉技能教習でていねいに説明しても伝わらない

技能教習では、実際に運転をするという行動と言葉による指導に集中するという2つのことを同

Q5

人づきあいが苦手な人への接し方について教えてください

発達障害のある人は、さまざまな能力がアンバランスだったり、感覚が過敏なために、人との関わりがうまくいかずに誤解を招かれることがあります。ここでは、その接し方について説明します。

◉いろいろと困っているようです…もっと相談してほしい

教習生活で不安や悩みがあると感じられた場合、何か相談ごとなどはないか、声をかけてみましょう。その際には、紙とペンを用意し、こちらも相手も、伝えたいことを視覚的に示せるようにします。はじめはなかなか心を開けない教習生でも、優しさが伝われば、きっと話をしてくれるようになるはずです。

◉人が気になって、なかなか学科教室に入れない

ＡＳＤの人の中には、人の視線が気になる人がいます。可能ならば、教室の一番後ろに座らせてもらい、机の上に簡易パーテーションを置いて、他の人が視線に入らないように配慮をしてもらうなど、対応します。大学入試センター試験などでは、ＡＳＤの受験生には別室受験を希望する人もいます。また、指導員の講義をビデオに録画し、別室で受講することもひとつの方法です。

◉上手に運転できたのですが、なぜか落ち込んでいる

人はそれぞれ十人十色、いろんな性格の人がいます。英語でセルフ・エスティーム（Self Esteem）、日本語では自尊感情とか自己肯定感と訳されているものがあります。

うまく運転できたのに落ち込んでしまうというのは、小さい時から育ってきた環境の中で、できないと叱られたり、馬鹿にされたりしてきたために、このセルフ・エスティームが低くなってしまったからだと考えられます。今まで積み重ねてきた自尊感情の低下を変えることは困難ですが、小さいところから一歩一歩できることを増やしていくことにより、自尊感情が高まっていきます。

障害を理解したうえで真摯に教習生に向き合い、できたところをほめることによって、発達障害のある教習生も安心して教習に取り組むことができます。

◉途中で来なくなった教習生には、どのように対応したらよいか

残念ながら、学校でも会社でもご自分の意思で教習所に来なくなった教習生に対しては、対応に限界があります。

ただ、発達障害の特性によって、ＡＤＨＤの人のように忘れてしまって来なくなるという場合には、リマインダー等で確認することができますし、人との接触が不得手なＡＳＤの人には個別対応や別室教習なども考えてみましょう。

Q6
その他

ここでは、Q1~Q5以外のことについて説明します。

◉発達障害者だけを対象にしたプログラムを設けることはよいことでしょうか

栃木県にある鹿沼自動車教習所では、発達障害者に特化したプログラムを設けています。発達障害といってもLD、ADHD、ASDの特性は異なりますし、教習生一人ひとりの性格特性もバラバラなので、本人の特性を把握するために、個別のアセスメントを行います。LDの場合には、学科試験の問題を読むことが困難なことがあるので、文字を拡大したり、書体の大きさを変更したり、単語や文節を分けて読みやすくするほか、読字がダメでも聞くことができる場合には、読み聞かせを行って指導することもあります。

発達性協調運動障害という不器用なタイプの人は技能が不得手になるので、何度も繰り返し練習をしたり、ドライビングシミュレーターを使って運転感覚を養うことも有効です。

◉発達障害をもつ教習生の受け入れを会社が前向きでない場合はどうしたらよいでしょうか

まず、指導員や職員に対し、発達障害とはどのようなものかといった研修を実施することをお勧めします。

発達障害には文字や文章を読むことが困難なＬＤ（学習障害）、不注意・多動・衝動性で定義されるＡＤＨＤ（注意欠陥多動性障害）、および対人関係やコミュニケーションに困難性を示すＡＳＤ（自閉スペクトラム症）などが存在しますが、指導員の人たちにはそのような特性のある教習生を指導された経験があるはずです。

しかしながら、障害という意識で対応されていたわけではないので、強く叱りながら指導したり、「なんでこんなこともわからないのだろう」とあきれたこともあったのではないでしょうか。そのような人たちが発達障害という障害をもっており、支援の仕方を工夫することによって免許が取れるということが理解されれば、指導する側の意識が変わるはずです。

２０１６年（平成28）年4月1日から障害者差別解消法が施行されることになり、学校や職場においても「合理的配慮」（51頁参照）を実施しなければならなくなりました。また、発達障害者は精神障害者のカテゴリに含まれるようになり、精神障害者保健福祉手帳を取得することで精神障害者として就職できるようになりました。２０１８（平成30）年には精神障害者の雇用義務化（66頁参照）が始まるので、会社が受け入れないということはできなくなります。

また、現在、少子化だけではなく自動車運転免許を取得しようとする若者も少なくなってきているなかで、多くの自動車教習所が倒産している状況です。自動車教習所の生き残りを考えると、そのような対策を採っていくことが自分のためにも必要だということがわかってもらえるでしょう。

事例

ＡＳＤ・ＬＤで落ち込みが過度なテツロウさん

テツロウさん（男性・仮名）は19歳の大学生です。通学や生活の幅を広げることを目的に運転免許取得をめざしました。

ＷＡＩＳ成人知能検査ではＩＱが１１６と高い数値を示しています。性格は素直で、学科教習、技能教習ともに大きな課題はなく真面目に取り組みました。

◉メンタル面の課題

特に技能は順調で、仮免検定、卒業検定、本試験も1回目で合格しました。しかし、取るに足らないような運転ミス、合格点に届かなかった試験結果などに対して過度に落ち込む姿が見られました。

テツロウさんに生じた課題とその課題を表にしてみました。

◉視覚的指示で「よくできた」と伝える

テツロウさんは失敗したと感じると、消極的な思考から脱却できない様子が頻繁に見られました。

ＡＳＤの特性から、失敗したということへのこだわりの強さ、*情報の整理統合の困難性が原因だったと考えられます。また、幼少時からの失敗体験が多く、それによる自尊感情の低下も要因の一つだったかもしれません。普段の会話の中でも「これまで失敗した経験のほうが多かった」「うまくいったと思っても結局は失敗してしまうので、成功しても喜ぶだけ無駄」などといった発言がよくみられました。

こういった消極的な思考が顕著になるのは、おもに技能教習後と学科試験に不合格となった際でした。技能教習では、些細な失敗ではげしく落ち込み、「さっきのところはうまくできなかった」

事例
本人編

テツロウさんの課題とサポート

課　　題		サポート
技能教習で指摘された些細なことが気になり落ち込む	➡	本人が思うよりうまくできていたこと、よくできた点などを伝えてほめる
試験の合格点をわずかに下回り不合格だったとき「もう無理だ」と激しく落ち込む	➡	試験の目的、不合格の利点など、図を用いて視覚的に示す
送迎の予約を間違え「変更は絶対にできない」と軽いパニックとなる	➡	送迎の変更に付き添う
卒業試験前のみきわめで通常より多く助言を受けたことを、注意を受けたと捉えて落ち込む	➡	試験前だから助言が多くなったのであり、運転が悪かったわけではないことを説明
失敗したことばかりが気になり、よい面に目を向けることができない	➡	振り返りシートに「うまくできたこと」の欄を追加

「さっきの運転は全然だめだった」など話すことが頻繁でした。一つのことに目が向くとそのことにとらわれてしまうのです。

学科試験で合格点をわずかに下回る点数であったにもかかわらず激しく落ち込んだ際には、「情報を整理する」「気持ちを持ち直す」ことを目的に、図を用いて不合格の際の利点を示す視覚的サポートを行ったところ理解が容易となりました。

つまり、予約ミスでの落ち込みやみきわめでの誤解は、情報を全体的に整理して考えることができず、限局的なとらえ方をしたため起こったことではないかと考えられます。

ASD者の視覚優位という特性を活かし、同時に毎日の振り返りシートに「よくできたこと」を視覚的に加え、よい面をフィードバックできるようにしたところ、徐々に自信がついてき、精神的に安定するようになってきました。

これまで失敗体験を重ねてきたことが、よい面へと視点を切り替えることを困難にしてきたのではないかと思われます。メンタル面のサポートでは、本人の気持ちをきちんと理解し、視点を切り替える支援が必要です。

＊情報の整理統合とは、物事の全体像をとらえる能力です。ここに障害があると、細部に意識を集中してしまい、いわゆる「木を見て森を見ず」という状況になり、限定的な情報から本質や全体像を把握することが困難になります。

事例

障害の告知をされていない マイナス思考の強いユキノさん

ASDの診断を受けているユキノさん（21歳・女性・仮名）は、通信制高校卒業後、生活の幅を広げることを目的に自動車の運転免許取得を思い立ちました。

ユキノさんは「自分の苦手さ」に気づいていますが、発達障害であることは親から告知されていません。愛想がよく、しっかりしている印象のため、一見すると障害がわかりにくいイメージです。

◉聞き取りが苦手だが努力家

コミュニケーションでは聞き取りが苦手ですが、会話の流れを止めないように気を使いながら返事をします。わからない単語などは辞書で調べて努力していました。

自主的に勉強に励み、学科、技能とも順調に進みました。事務手続きなどもサポートなくできました。教習生活を送るうえでの大きな課題はありませんでしたが、メンタルな面でのサポートが必要でした。

仮免検定は1回目で合格、卒業検定も本試験も1回目合格でした。

◉障害を告知されていないことへの課題

これまで多くの失敗体験をしており、表面的には明るくふるまっていても自尊感情は低い状況でした。教習生活や日常の活動については楽しそうに話しますが、自分のことととなると過度にマイナス思考となっていました。学科試験が高得点でも「私はバカだからもっと頑張らないと」などと話すことが多く、また技能でも十分な運転ができていたにもかかわらず「どうしようもないほど下手だ」と落ち込むことがよく見られました。

こういう場面では、うまくできていたことをほめるだけでなく、「自信のなさから必要以上に悪く思えてしまうだけで、実際はよくできている」と伝えると安心した様子を示しました。

また、天候の安定しない日であってもマニュアルに記載されたことを生真面目に守り、技能教習開始10分前には準備を済ませ外に出ていることがみられました。マニュアルは逐次の口頭での説明を省けるという利点がありますが、この場合のように柔軟性に欠けるという点があります。

さらに、ユキノさんの教習生活において最も大きな課題となったのは、障害を告知されていないことでした。小学生の頃から不登校があり支援機関が関わっていたこともあり、教習生活でもサポートを受けることについては本人も納得していたようでした。しかし、同じようにサポートを受けている他の教習生を見て、自身も発達障害であるのではないかと疑うようになりました。

母親は、ユキノさんからの「自分は発達障害ではないか」という質問に答えをはぐらかしてきたようですが、この際、きちんと本人に伝えたほうがよいのかと相談しました。これに対してコーディネーターは、自分たちだけで判断できることではないことを母親に伝え、次のような支援を行いました。

本人の不安を和らげるために下の表のようにさりげなく示しました。根本的な不安の解消にはならなかったかもしれませんでしたが、話をすることでとても納得してくれるようになりました。

◉柔軟性に欠けるマニュアル対応

順調に教習生活をこなしているかのように見えたユキノさんでしたが、これまでの経緯から本人が日常生活で抱える困難や精神状態を予測し対応することが必要でした。表面的な様子だけではなく、生育歴や知能検査の結果など含めた十分な情報収集（アセスメント）が必要だと考えられます。

ユキノさんの課題とサポート

課題		サポート
うまく運転できていた場合でも下手だったと落ち込んでしまう	➡	うまくできていたことを伝えたり、他の点をほめたりした
「技能教習開始10分前には準備して外に出よう」という指示を忠実に守り過ぎ、風の強い日や寒い日でも外に出た	➡	天候が悪い際にはそのつど、室内で待機するように促す
母親に「自分はLDか何かなのか」と尋ねることがあった	➡	人は誰でも得意不得意があり、障害があっても優れたところもたくさんあることをさりげなく伝えた

また、統一されたマニュアルは同一の情報提供が可能ですが、個別の教習生の対応には柔軟性に欠けることが示唆されました。マニュアルで説明した後、本人がどのような行動を行っているか確認し個別の対応をする必要があります。

発達障害であるということを本人が告知されていない教習生への対応は慎重に検討する必要があります。今回のように、他の教習生が発達障害者として支援されていることを見て、自身の障害について気づく可能性もあります。支援者であるコーディネーターは、保護者や相談機関、支援機関などと連携していく必要があります。

「雇用義務化」について

「障害者の雇用の促進等に関する法律」において、従業員が 50 人以上の企業では、従業員の 2.0%の障害者を雇用しなければならないと定められています。

具体的に、従業員 1,000 人の会社では 1000 × 0.02 = 20 人の障害者を雇用する義務があります。もし、その義務を達成していない企業は、未達成一人あたり月5万円の障害者雇用納付金を支払わなければなりません (障害者雇用納付金に関しては 100 人以上の企業が対象)。

さらに 2018(平成 30)年 4 月からは精神障害者の雇用が義務づけられるようになります。従来、精神障害者は統合失調症や躁うつ病、てんかんなどが該当していましたが、2011(平成 23)年 8 月に障害者基本法が改正され、発達障害者も精神障害者に含まれるようになりました。その結果、発達障害者も精神障害者保健福祉手帳を取得できるようになりました。

事例

ＡＳＤ・軽度知的障害があり、集団行動が苦手なケイさん

ケイさん（21歳・女性・仮名）はＡＳＤの診断を受けており、通信制高校を卒業後、就職の幅を広げるために入所しました。在学中にいじめられた経験があるため、同年代の人々への苦手意識がありました。ケイさんは教習所と提携している宿泊施設を利用することになりましたが、集団行動が困難なため途中からアパートでの一人住まいへと移行しました。教わったことをノートにまとめるなどして、熱心に勉強し、仮免検定、卒業検定とも1回目で合格。本試験も1回目で合格でした。

◉対人関係への恐怖感へのサポート

学科、技能とも特に大きな課題は見られませんでした。ただ、ＡＳＤの特性の一つであるこだわりやいじめられた経験から生じる対人関係へのトラウマなどの問題が生じてきました。問題集のこだわりは特に大きな課題とはならず、パソコンで対応できました。パソコン問題では答えがわからなくともすぐに解説が表示されるので、わからない問題であっても安心して取り組めました。

ＡＳＤの人は対人関係に困難さがあることに加え、いじめられた経験などから他者に対して苦手意識やトラウマを抱く場合があります。ケイさんも同様で他の教習生との対人関係に恐怖感があり、サポートの中心は他者との関係でした。

ケイさんは特定の教習生に苦手意識をもち、その人と同じ教室で学科の授業を受けることが苦痛だと話していました。また集団の中で注目されることにも強い不安を覚えていました。

◉個別指導で不安を軽減

これらの対人関係の課題は、他者との接触時間を少なくする、個別指導に切り替えるなどにより対応することができました。指導員との対人関係は問題なく、指導にあたる指導員は「やさしい指導」を目標として接しました。具体的には、ミスに対して注意するといった対応ではなく、やさしくアドバイスを行いながら指導し、うまくできたところは必ずほめるようにしました。さらに、常にコーディネーターが指導員とケイさんとの間に入り、対応を行いました。このようなサポートによってケイさんは指導員をやさしい人だと評価し、積極的に質問や会話を行うようなりました。

宿泊施設の利用は、最初の2、3日はとても楽しいと話していたのですが、日が経つにつれて不満を語るようになりました。宿泊というシステム上、自由にできないことも多く、うまく適応できなかったのではないかと思います。その後本人の希望によりアパートへ移行することになりましたが、アパート移行前には生活チェックリストを用いて、一人で日常生活を送れるかどうか確認しました。また防災防犯のため、保護者やサポーターに戸締り、火の元確認の連絡をするようにしました。はじめての一人暮らしでしたが、思ったより困難もなく適応していきました。

◉今後の課題

ケイさんの場合は個別の支援が実施できましたが、今後、発達障害の利用者が増えた際の対応についての検討が必要です。たとえば、応急救護の学科教習の際に教室内にパーテーションを設置し、他者から見えない状況で実演を行うなどといった対応です。

集団での生活が必要な宿泊施設での不適応も大きな課題となります。ケイさんの場合は、アパートへの移行が可能でしたが、それはあくまでも生活が自立している場合であり、また金銭的な余裕がある場合です。経済的にアパートでの一人暮らしが可能な場合でも、防災や防犯の問題など安全面の支援が必要となってくる人もいるでしょう。

ケイさんの課題とサポート

課　題		サポート
問題集で1問でもわからないと先に進めない	➡	解答後すぐに解説が表示されるパソコン問題集を使用
後から入所した茶髪の男性に恐怖を覚え、学科の出席にストレスを感じる	➡	学科開始直前の入室、最前列入口付近の席の確保、終了直後の退室
大勢の前での実演に不安を覚え、翌日予定の応急救護にストレスを感じる	➡	個別対応の実施
茶髪の男性を嫌い、卒業式の出席を拒む、宿泊施設の食事が合わない、浴室のカビが気になるなどの理由からアパート暮らしを希望	➡	個別対応の実施 宿泊先をアパートへ。生活チェックリストの実施、防災防犯チェックを行った

事例

知的障害ボーダーラインのケンスケさん

ケンスケさん（18歳・男性・仮名）は通信制の高校に在籍しています。一見、障害がわかりにくく、本人は障害があることを知らされていません。同様の障害のある姉が自動車運転免許を取得したことをきっかけに、将来役立つだろうと入所してきました。明るく快活な性格ですが、臆病なところがありそれを隠したがり、気が強く見えるよう振舞うことがあります。勉強はあまり得意ではなく、＊感覚過敏もあるため、パソコンでの学習は画面のちらつきが気になり不得手でした。

＊視覚、聴覚、味覚、嗅覚、触覚などが定型発達の人と異なり、敏感なことを意味します。たとえば、赤ちゃんの泣き声が嫌でパニックを引き起こしたり、肌触りが少しでも抵抗があるとその服は着ることができなくなるといった状態になります。

◉臆病な気持ちをくみ取り、対応する

技能は大きな問題なく対応できました。学科に関しては、高校に在学中ということもあり、学校の勉強との両立で苦戦していました。しかし物覚えはよく、直前の勉強で試験を乗り切っていったため、全体的に順調に進んでいました。仮免検定、

卒業検定、本試験ともに1回目で合格しました。

対人面において臆病なところがあるため、入所前には指導員とうまくやっていけるか不安を口にすることがありましたが、やさしく指導を続けることで徐々に心を開くようになりました。

卒業後のアンケートでは「試験など大事な場面の前でコーディネーターがいてくれたので安心できた」と答えています。コーディネーターの関わりや指導員のやさしい態度がケンスケさんの不安の解消につながったと思われます。

◉スケジュール表を作成し予定を示す

集中力が短く、長い時間勉強することができないため、10分~20分ほどの短時間でこまめに勉強をするよう促していきました。特に、ページ全体を埋め尽くす交通標識は覚えづらいようでした。標識をリスト化し縦の視線で追える教本の作成を検討していたところ、次の日には「何とか覚えることができた」と話し、試験も突破できました。リスト化したマニュアルなどがあればもっと苦労せずに覚えられたのかもしれません。

現状に基づいて先を予測し、効率的な計画を立てることが苦手なようでした。修了検定や卒業効果測定の前であっても学校のレポートを優先し、学科の勉強に身を入れることがなかなかできませんでした。持ち前の記憶力のよさを活かし直前の勉強で試験を乗り越えていけましたが、危ない綱渡りだったように思われます。

実行機能*に苦手さのある教習生には教習スケジュール表にあらかじめ勉強の時間を記載し、予定の一環として認識してもらうなど対応が必要だと考えられるケースでした。

*実行機能とは先の見通しをもって行う能力です。この課題があると、思いつきや特定の刺激で衝動的に行動してしまう可能性が出てきます。つまり、先の見通しをもって活動することができなくなります。

事例 本人 編

◉集中力が続かない、実行機能に課題がある場合

教本の情報量が多い場合、集中力が続かない発達障害のある教習生は、勉強に意欲をもてないことがあります。そのような場合、教本の中で情報量の多いページ、説明がわかりにくいページを抽出し、新たにマニュアルを作成していくことが望ましいでしょう。

実行機能に苦手さがある場合、物事の優先事項を適切に判断することが難しいため、ケンスケさんのように学校と教習の両立が苦手となります。ケンスケさんは記憶力がよいため、直前の詰め込み勉強で試験に対応できました。覚えることが苦手な教習生の場合、学業や仕事に追われ試験勉強ができず、不合格を繰り返す可能性が考えられます。そのような場合は、あらかじめ勉強計画を支援者側が立てるなどの対応が必要になります。

ケンスケさんの課題とサポート

課題		サポート
臆病なところがあり、入所前に指導員との人間関係に不安を抱く	➡	指導員によるやさしい指導、コーディネーターの仲介
勉強に長い時間集中することが苦手	➡	20分ほどの短時間勉強の促し
学科試験が近づいてきていても学校のレポートを優先する	➡	学科勉強の促しや、自習時間の設定
試験前や高速教習前に過度な不安を感じる	➡	試験では不合格でもやり直しができること、高速教習では意外とうまくいくことを伝える

事例

曖昧な言葉の理解が苦手なＡＳＤのコウキさん

ＡＳＤの診断を受けているコウキさん（22歳・男性・仮名）は、農業系の短大を卒業後、畜産関係の仕事を希望しています。軽トラックなどの運転が必要となるため、マニュアル車での免許取得を希望し入所に至りました。知能はほぼノーマルですが、話し言葉による受け答えが苦手で、「もう少し」「ちょっと」など曖昧な言葉の理解が困難でした。また、単語のみの表出が多く、長く話をするとまとまりがなく相手に伝わりにくい状況でした。マニュアル車での教習でしたので、たび重なる乗り越しとなりましたが、根気強く教習に取り組みました。

◉言葉での理解が乏しい

入所後しばらくは表情が堅く、非常に緊張が強かったのですが、慣れるに従い徐々に柔らかい表情へと変化していきました。

語彙が少なく、学科面において知識のない面も見られましたが、懸命に努力し何とか対応できました。ただ、言葉の理解の苦手さから指示を理解できない、失敗するとそれにとらわれ過ぎてミスを連発するなど、技能面において大きな課題が見られました。仮免検定、卒業検定とも1回目で合格しましたが、本試験では3回目での合格となりました。

◉本人の言語能力を把握し、理解を促進

曖昧な言葉かけの理解が難しく、新しい言葉の意味をその場の状況から推測して学べないことが教習の上達に大いに影響していました。また、失敗を修正して成功へ導くことが苦手であり、失敗した際には指示されるまで、何度も同じ失敗を繰り返していました。

「もっと」や「ちょっと」など曖昧な言葉が理解しにくく、「このあとコーディネーターの部屋に来て」と声かけすると、いつまでもロビーで待機している状況でした。そこで「45分になったら3号室に来て」と具体的に伝えたところ3号室のコーディネーターの部屋まで来ることができました。そのため技能教習時にも「3秒間、半クラッチにする」「いつもの2倍アクセルを踏む」などの具体的説明が有効でした。

「S字クランクで乗り上げた際にはバックが必要」という指示を何度受けてもできませんでした。はじめは認知力が弱い、あるいは操作が追いつかず通り過ぎてしまうのかと考えましたが、実は「乗り上げ」という言葉の意味を理解していなかったからできなかったことがわかりました。

このように、教示したことが身につかない際には、認知や操作に課題があるのか、そもそも言葉の意味を理解できないのか指導員が判断する力が必要でした。さらに、失敗を修正することが難しいため、成功経験を何度も繰り返すという支援が有効でした。

言葉の理解の課題は学科試験にも見られました。「やむを得ない」「未満」「流れに乗る」「織り交ぜる」など言葉の意味がわからず、誤答することが頻繁に生じました。

学歴は短大卒でしたが、本人の言語能力を把握する必要が感じられました。

精神面においては、普段は落ち着いており試験の前の緊張感もありませんでしたが、技能時の失敗に関しては過敏に反応し、一度ミスをするとそれにとらわれ、その後の運転に支障をきたすような失敗を繰り返していました。失敗した際には、指導員が「大丈夫だよ」などと声をかけることで徐々に落ち着くようになっていきました。

また、危険な状況の予測が苦手で、高速道路で時速100キロ出すように指示されると前の車と車間距離が近づき過ぎても100キロを維持しようとしました。

コウキさんの課題とサポート

課題		サポート
「あれ」「さっき」「ちょっと」などの言葉の理解が苦手	➡	「5分後」「3秒間」など具体的な声かけ
言葉の意味が理解できず試験問題を誤答する	➡	言葉の意味を説明
新しく聞く言葉の意味の推測が苦手 ミスをすると過度に引きずり失敗を繰り返す	➡	言葉の意味を説明 「大丈夫だよ」など安心できる声かけ
失敗から学習することが苦手	➡	誤学習を避け、成功体験を繰り返す
操作を形式的に行えるが、必要である理由が理解できない	➡	新しく学習したことには再度、行う理由を添えて説明

急ブレーキや巻き込み確認など学習したことを手順通りに行うことができても、それがなぜ必要なのか本質的に理解できていないようでした。説明を繰り返すことで危険を防止するためのものだと理解してもらえましたが、実際の運転場面で何が危険であるかを判断するのは難しいのではないかと思われます。免許取得後もしばらくは運転の際には同乗者が付き添い、一緒に危険を判断してくれるような支援者が必要だと考えられます。

今回のケースでは、曖昧な言葉が理解できなかったため、具体的に指示することと、失敗時に「大丈夫ですよ」などの安心させる言葉かけを行うことが必要だということが明らかになりました。

このような支援は一般の教習生にも必要ですが、否定的な言葉かけに自尊感情が低下している発達障害者には、とりわけ意識して行う必要があります。

事例

精神的不安の強いASDのヒロキさんの再チャレンジ

ASDの診断を受けているヒロキさん（21歳・男性・仮名）は、特別支援学校を卒業後に就労移行支援事業所で就労の訓練をしていました。他の教習所で免許取得をめざしましたが、運転そのものが恐く、一度も技能講習を受けることなく中途退所をしていました。しかしながら、再度チャレンジしてきました。療育手帳の判定はB2ですが、IQはほぼ健常者と同レベルです。

◉しっかりしているように見えても不安定な部分が多い

受け答えはしっかりしていて行動も自立しており、技能、学科ともに順調で、普段はメンタル面も安定していました。ただ、気分の変調が激しく、時折教習所を休むことがありましたが粘り強くがんばり、仮免検定、卒業検定、本試験すべてに1回目で合格しました。

教習生活では送迎予約や自主的な勉強など問題

なく行えていました。学科も技能も順調であり、「みきわめ」以外は乗り越しも検定不合格もなく進んでいきました。表面上は精神的にも落ち着いており、一見あまりサポートの必要がない教習生のように思えましたが、はじめて教習所を休んだ際、軽いパニックを起こしたと保護者から聞きました。このことから、表面上は落ち着いてみえても情緒的に不安定な面があることがわかりました。

◉中断しがちになる心理的な不安に寄り添い、免許取得までサポート

その後、第二段階の路上コースがわからず不安だという理由で休みました。コーディネーターの車でコース案内を行おうと提案したものの来ることはできませんでした。その後も3度ほど連絡を取りましたが、来ることはできませんでした。来所できないまま8月に入り、大学生等の教習生で混雑するので行きたくないとさらに1か月間休むことになりました。9月から教習再開となりましたが、人が少なくなり気持ちが落ち着いたのかすんなり教習所に来ることができました。

応急救護は、集団に参加しなければならない不安を理由に当日休んでしまったため、後日個別で実施しました。さらに、教習生活の終盤で、たびたび休むようになっていきました。この際に保護者から初めて聞いたのですが、たまに子ども返りすることがあり、その日は1日何もできなくなってしまうということでした。また、生活チェックリストを用いて、普段の環境や人間関係、生活リズムなどにストレスがないか調べたところ、就寝の時間が遅いために朝起きるのが難しいときがあることがわかりました。ヒロキさんは生活に関して他者に介入されることを嫌いましたが、就寝についてだけは保護者と連携して指導することにな

りました。

みきわめでは、これまで経験したことのない道路での走行のため普段より指導が多くなったことが負担になり、精神安定剤を服用して教習を中断。その後のみきわめでは、教習中の指導を減らしできるだけほめ、終了後に指導を行うようにしました。

ヒロキさんは、外面は穏やかに見えるため教習生活において何ら問題のないように思えてしまいましたが、内面の繊細さを汲み取ることの難しい事例でした。表情はいつも穏やかなのですが、精神的負担の大きい中で教習生活だったのだと思われます。

コーディネーターは、教習生活が一見穏やかでも、表面には現れない教習生の心理的変化を汲み取り、サポートを行う必要があります。また教習生の負担に応じて、検定や応急救護の翌日など要所で休みを入れる配慮も検討すべきだと考えます。

ヒロキさんの課題とサポート

課題		サポート
家庭と教習所の小さなストレスが積み重なり自宅で軽いパニックとなり教習所を休む	➡	保護者からストレスの原因を聞き取り
修了検定合格後、第二段階の路上コースが不安で休む	➡	コーディネーターの車で路上コースを案内することを提案するが来られず
8月中は混雑しているので休みたいという連絡	➡	8月の間1か月間、休みをとる
集団で応急救護を行うことに不安があり、休む	➡	個別指導を実施する
教習終盤、寝坊などを理由に休むことが増える	➡	保護者と連携し、早めの就寝を促す
みきわめの際、たくさん指導を受けたこと、はじめて走る道ということで不安になり教習を中断した	➡	指導員に、教習中はあまり指導せず、終了後に行うように依頼した。また、できるだけほめる回数を増やした

鹿沼自動車教習所（栃木県）の取り組み

発達障害者向けのプランを独自に開発

●栗村健一

鹿沼自動車教習所（以下ＫＤＳ）では２０１１（平成23）年９月から２０１５（平成27）年３月、宇都宮大学梅永研究室との共同研究として、「発達障害に特化した自動車運転免許取得のためのパイロット事業」を行いました。パイロット事業では、発達障害の人たちが免許を取得するためにはどのような支援が必要なのか、実際に発達障害のある教習生に自動車運転免許取得支援を行いながら、その課題を探ってきました。

２０１５（平成27）年からは本格的に事業化し、「つばさプラン」として出発しました。

これまでこの事業に参加した教習生２０１５（平成27）年12月末の段階で72名となっています。また、障害の種類ではＡＳＤの人が半数以上を占めています。

◉発達障害への知識と経験がある支援コーディネーターの配置

指導は発達障害のある人に、できるだけやさしくていねいに教えています。そして、時には発達障害の特性に合わせた支援が必要となります。そのような時には、発達障害について詳しく、専門的な支援が行える「コーディネーター」の出番です。

コーディネーターは、教習生と指導員の仲介役で、学科教習や技能教習で教習生が困難を感じた点に、視覚支援など本人に必要な支援を実施します。ほかにも、試験結果に落ち込んでしまったり、ほかの教習生の視線が気になったりするなどメンタル面に関する支援も実施しています。

また、指導員と学習会を開き、発達障害に関する理解の啓発を行っています。

そして、支援を通して得られた結果やデータをもとに、発達障害のある教習生が通いやすい教習所になるためのよりよい支援体制づくりに努めています。

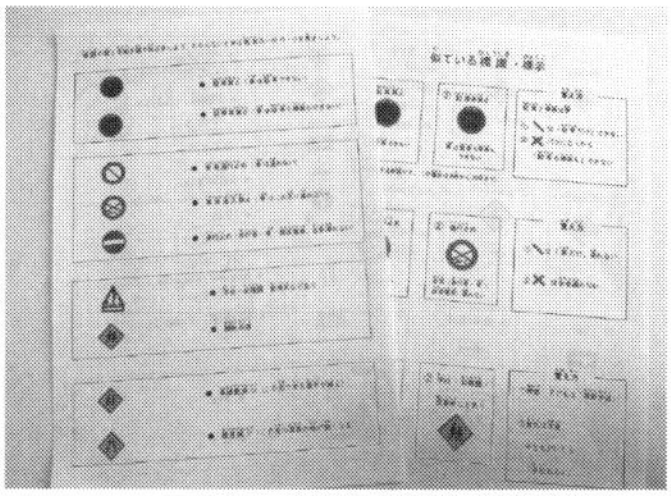

似ている標識をわかりやすく表記

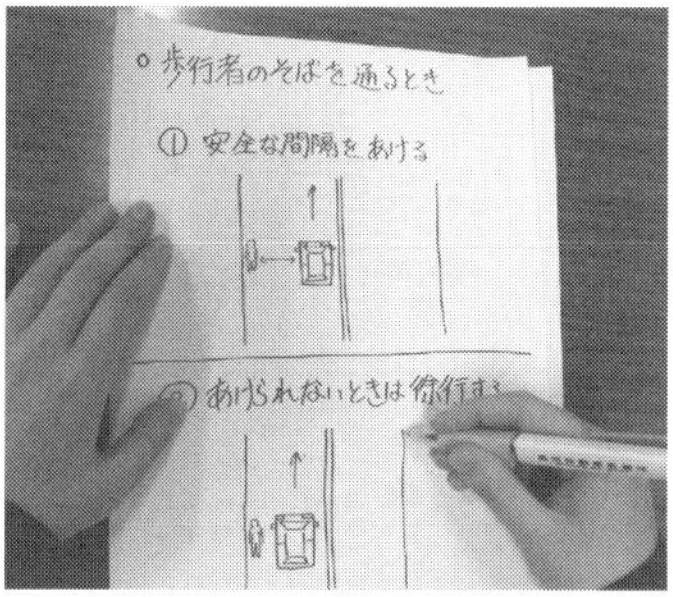

◉サポートチームを編成し情報共有しながら指導方針を決める

発達障害の人への指導に意欲のある指導員を集め、サポートチームを編成しています。やさしくわかりやすく、困難に柔軟に対応することを心がけ、情報共有をしながら指導を決定しています。

チームメンバーの指導員からは、「(発達障害の人は)みんな真面目で教えがいがある」「教習を行うことで新しい視点が得られる」など、うれしい報告もあります。

また、事務職員の中からアドバイザーを選任し、事務的な側面においての対応を行ったり、悩みや困りごとの相談にのったりもしています。女性の教習生や、男性の指導者に対して苦手意識のある方が悩みを相談しやすいように、女性のアドバイザーがその役割を担っています。

◉KDSの具体的な取り組み

入所希望の問い合わせから卒業後の支援まで、次のような流れに沿って進めています。

❶問い合わせ・面談
面談は本人、保護者、コーディネーターの三者間で行う。

❷WAIS-Ⅲ検査の実施
入所希望者の力を客観的に知るために行う。

❸利用者プロフィールなどの記入
成育歴や本人性格、得意なこと、困りごと、趣味、普段の様子などを記入する。

❹個別の教習計画
事前調査に基づいて「個別の教習計画」を作成。

❺担当指導員の編成
サポートチームの中から、教習生に合った担当指導員を選任する。

表1　特性に応じた個別学科指導

特性		指導上の対応
口頭での理解が苦手	➡	・簡潔な言葉で説明する ・絵や図を描きながら説明する ・車の模型や道路の絵を使い、状況を想像しやすいようにする
文章の読解が苦手	➡	・難しい言葉や専門用語を、簡単な言葉に置き換えて説明する
絵や図の理解が苦手	➡	・言い換えた言葉の単語リストを作成する ・複雑な絵や図を簡単なものに直す ・絵や図に書かれた簡単な文章に直して示す 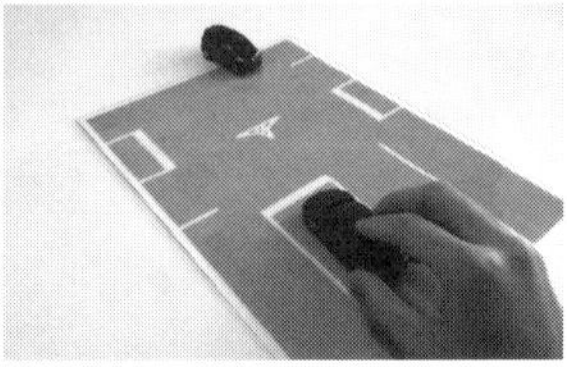 模型を使って教える

❻教習予定表の作成

計画の見通しをもてるように、個別に教習予定表を作成する。

❼宿泊支援の申込み

遠方からの教習生には、宿泊施設を用意している。専属の世話人が生活支援を行う。

❽学科教習

重要な内容や開いてるページを板書する。

❾個別学習指導

学科学習に不安のある教習生には、補習として個別指導を実施する。（表1）

❿技能教習

やさしくわかりやすい支援を行う。

⓫メンタル面に関する支援

対人不安や教習への落ち込みに対応する。

⓬教習生活の支援

悩み相談への対応など。

⓭報告書の作成

よりよい支援を行うために、日々の様子をまとめる。

⓮本試験対策の実施

本試験に合格できるように、個別学習指導を行う。

模型を使ってＳ字走行の教習

模型・路面・標識

◉それぞれの課題に対応するにはメンタルサポートが必要不可欠

学科や技能のハードスキルが得意、不得手にかかわらず、メンタル面に関するソフトスキルの課題は多くの教習生に見られます。学科や技能のでき以外にも、他の教習生の視線が気になる、指導員と仲よくできるかなどの不安があったりします。

学科に関していえば、惜しくもあと2、3点で合格だった場合でも、「もう免許を取ることはできない」と激しく落ち込んでしまうこともあります。また、技能に関しても、できた面よりも悪かった面に目が向きやすい傾向にあります。それらの背景には自尊感情の低さから自信がもてないなどの理由があったりするので、できるだけできた点を具体的に伝えます。そうすることで、自分のよ

表2　KDSで実際におきた課題への対策

	課題	対策
学科	学科では、主に試験の際にメンタル面の課題が出やすい	あと少しで合格できる、次もチャンスがある、さらなる勉強につながるなど、プラス面に気付いてもらうことが大切
技能	失敗に対する不安や、実際に失敗した後の気持の立て直しが課題	失敗してもよいこと、確実に上達していることをしっかりと伝えれば、モチベーションを維持して頑張ることができる
対人	学科面で、他の教習生の存在に不安や恐怖感を覚える、集団が苦手	学科教室に開始前はできるだけ遅く入り、開始後は早く出てもらう。できるだけリラックスできる席を探していつもそこに座ってもらうなど

い面を客観的に知ることができたり、視点を切り替えたりすることができます。

実際に失敗してしまい、フォローの声かけがない場合、緊張や動揺などから失敗を何度も繰り返してしまうことが多く見られます。そうすると立て直すことはなかなか難しいので、「大丈夫だよ」「失敗してもいいから、もう一度やってみよう」など気持ちを持ち直せる声かけをすることが大切です。

1日の振り返りを記入

◉今後の支援につながるパイロット事業の実施の役割

この「発達障害に特化した自動車運転免許取得支援事業」で、さまざまな課題が具体的に明らかとなり、より的確な対応ができるようになりました。得られた結果やデータをもとに、今後も発達障害のある人が通いやすい教習所になるべく、支援体制づくりを続けていきます。

information

栃木県公安委員会認定　鹿沼自動車教習所

●栃木県鹿沼市玉田町 144-5
● 0289-62-8101
● http://www.kanuma-ds.co.jp/
● tsubasa@kanuma-ds.co.jp

参加者	72人（県内50人県外22人）
免許取得者	67人
平均ＩQ	77.5
平均教習期間	58日（18日～339日）
平均乗り越し回数	第１段階4.2回
	第２段階0.9回
平均技能検定結果	第１段階1.1回
	第２段階1.3回
平均本試験得点	90.6点（平均受験回数1.7回）

＜2011 年9月～ 2015 年 12 月までの実績＞

発達障害のある方の免許取得サポート

つばさプラン

Mランド益田校（島根県）の取り組み

合宿制で完全サポート

●森下高博

自動車教習所Mランド益田校（益田ドライビングスクール）では、２００４（平成16）年から地元特別支援学校や関係機関とともに入校生を受け入れています。免許取得完全サポートを目指した合宿制を実施しており、全国から発達障害の人や診断はないものの困り感をもっている人など、さまざまな人が入校しています。

発達障害者の運転免許取得は「本人のやる気と周りの応援するサポート体制」があれば、時間はかかるけれども技能・知識の習得は可能であり、安全運転ができるとの考えから、入校前から本人の特性の聞き取り、相談や面談を経て事前準備を行ったうえで、独自のカリキュラムを組んでいます。２０１１（平成23）年からは専門部署を立ち上げ、「スマイル・トライプラン」という知的障害・発達障害・ひきこもりの人を対象にしたサポート体制を確立しました。

◉じっくり事前面談をしてからスタート
障害者支援センターとの提携も

Mランドでは、近隣の障害者支援センターや関係機関と提携し、そこからの情報提供や、それらの機関の職員を交え、入校前に本人・家族との綿密な面談を行っています。

発達障害はASD、ADHD、LDなど多種であるため、それぞれの障害特性によっての対応を考え、指導員（インストラクター）間での事前の情報共有のほか、障害の知識がある指導員（インストラクター）に技能担当してもらうなどの配慮を行っています。外からはわかりにくい発達障害であるがゆえに、なんの情報もなしに教習が進められることは、お互いにとって不利益なことという考え方にもとづき、教習場面だけではなく受付での応対や、他の教習生（ゲスト）とのやり取り

合宿中にはボランティア活動も

など、在籍中のすべての面でのサポートを心がけています。

◉入校から卒業までを一貫サポート 合宿制での免許取得のメリット

Mランドの合宿では、運転免許を取得するだけでなく、入校から卒業まで敷地内の寮（ホーム）に滞在しながら、社会的スキルやコミュニケーション能力のスキルアップにつながるさまざまな体験をすることができます。

社会的スキルアップには、誰でも感謝の気持ちを相手に伝えることができる「ありがとうカード」制度を採用し、自分の手で感謝の気持ちを書く体験を行っています。また、滞在中はお互いに挨拶をし合うことが不可欠のルールです。入校したての頃は恥ずかしそうにしていた人も、数日すると誰とでも挨拶をかわせるようになります。その他、ホーム生活自体が自主・自立的牛活なので、自然と社会性が身につく仕組みになっています。

教習風景（笑顔でアームハグ）

コミュニケーション能力のスキルアップについては、技能教習中の「譲り譲られ方」の習得、技能教習の始まりと終わりに指導員（インストラクター）と教習生（ゲスト）が「握手（アームハグ）」をすることを慣習とすることで養っています。また、学科教習終了後にも、お互いが健闘を称え合うために全員で「拍手」をしています。

Mランドでは、運転免許取得の価値は、交通社会でも一般社会でも安全・安心して生活することにあると考えているからです。

◉Mランドの具体的な取り組み

入校前からの相談、聞き取り、面談を経ているため、教習所内では情報を共有し、担当者を固定して進めるなどにより、学科面では問題はありませんでした。しかし、何の情報もなく発達障害者が入校したとすると、教習のやりにくさ、本人の

どのような対応をしたか

- ●ゆっくりていねいに会話していくことでわかりあえた
- ●自分の世界に入りこんだ時は、遠くで見守ることとした
- ●なるべくやさしい口調で応対し、決して慌てさせないよう配慮した
- ●根気づよくていねいな対応が大切
- ●なるべくコース内の渋滞するようなコースは避け、本人が退屈しないように心がけた
- ●手持無沙汰なところもあったが、極力本人のやりたいよう範囲内でやってもらった
- ●同じ内容のことでも穏やかな表情で何回も繰り返した
- ●その時間の教習目的、内容をはっきりと指示し、理解してもらった

困り感、他の教習生（ゲスト）とのトラブルなどがあったかもしれません。実際にASDの教習生（ゲスト）を担当した指導員（インストラクター）側の対応を以下の表にまとめました。

◉技能教習を担当した指導員が個人別の調査票を作成して情報共有

事前調査に加え、実際に教習をスタートした後に技能教習を担当した指導員（インストラクター）によって「自動車運転と発達のバランス関係表」という調査票を制作。教習生（ゲスト）それぞれの特性を細かく把握しました。

❶**全身の運動**　アクセル・ブレーキ操作、確認動作のでき・習得はどうであったか。
❷**ハンドル操作**　手指の微細な運動はどうであったか。
❸**視覚認知能力**
❹**聴覚認知能力**　教習で指導員（インストラクター）の話をしっかり聞く能力はどうであったか。

表3　教習をするにあたっての特別な困り感について

●事前の情報がなかったら戸惑っていたかも知れない
●集中力が続かない、足りない（あくび、ハンドルから手を離す・運転姿勢がくずれるなど）
●予想できない突飛な行動がある
●話を本気で聞いていないように見受けられる
●自分流の言い訳をする
●ときどき声が大きくなる
●車の誘導、アクセル、ブレーキの使い方で苦労していた
●頭では理解しているしやる気はあるが、できないことが多かった

❺**言語理解能力**　自分の言いたいことを正確に表現できるか。
❻**表現力**　感情のセルフコントロールはできるか。
❼**運転時の行動**　基本的生活習慣として時間を守れるか、教習の始めや終わりなどできちんと挨拶ができるか。
❽**生活面のこと**
❾**社会性・対人スキル**　相手の目を見て話をすることができるか。場の雰囲気を読んでの行動ができるか
以上の9項目（13問）で報告書を作成。これらの情報を共有することにより、適切かつ柔軟に応対できました。

◉教習生のそれぞれに見合った個別の対応が求められます

特別支援をともなう教習は、今までの教習（普通教習）の延長線上にあるものではありません。障害のある人に対しては個別の対応が必要であり、それにともなって卒業までの時間もより長くかかる可能性があります。

さらに、指導員（インストラクター）への理解の徹底や教育も大事なポイントになってきます。個別のカリキュラムを立て、情熱をもって向き合える指導員（インストラクター）がいてこそ、納得した結果が得られます。

◉今後さらに増加「共存する交通の場」お互いが助け合う努力が必要

道路は人や車が行き交う「混合交通の場」です。今や障害がある人々も運転免許を取得し道路交通の場にどんどん進出しています。そのなかで、今後はさまざまな特性をもっている人々が道路交通の場にいるという認識が必要であり、お互いに助け合う必要があります。まさに皆で「共存する交通の場をつくる」という考え方が必要なのです。

ここ数年、若者の運転離れが進み、若年運転免

敷地内にある茶室で燮（やわらぎ）の心も学べる

許取得者が右肩下がりになっています。自動車の運転免許取得は本当に必要な選択なのかを見極める時代がやってきたのだと思います。

発達障害者も本人が希望し取得したいという強いやる気と取得の可能性があるのであれば、運転免許取得にチャレンジしてもよいのではないでしょうか。その人の今後の人生が幸福になるのであれば、我々自動車教習所は、全力でサポートしていきたいと思っています。

Mランド全景（コースにも木々がある森の中の教習所）

information

Mランド益田校（益田ドライビングスクール）

● 〒699-5131
島根県益田市安富町 3330 番地 1
● 0120-101-701
● http://www.mland-masuda.jp/

「スマイル・トライプラン」とは・・・？

・個別学科の実施
① 通常の集団での学科ではなく、
あなただけのために学科教習を行います。
② わかりやすい言葉でペースを合わせて、学習できます。

・入校前から本免許試験合格までサポート
① 入校前の不安を聞かせて下さい。できるだけ不安のない気持ちで入校できる様、サポートします。
② 入校後は技能教習や学科教習の内容をわかるまで学習できます。
③ 学科試験に一発で合格できる実力をつける為の効果テストや、理解度を上げる為の学習を一緒に行います。
④ 合宿生活での不安も、勉強での不安もなんでも相談して下さい。

・トライアル（5DAYS）制度あり
この期間（入校してから5日間）は、寮生活のリズムや教習の雰囲気・内容をつかむ期間です。
支援者の方も一緒に宿泊することもできます。
5日間挑戦してみたけれど・・・
どうしても教習や寮生活になじめない場合には、この期間内（5日間）であれば全額返金いたします。
※交通費は自己負担となります。転校はできません。

・「スマイル・トライプラン」記念メダル進呈
＊合宿は基準日数18日未満で卒業されると≪記念メダル≫進呈！

「免許《めんきょ》を取《と》ってみようかな・・・」と思《おも》ったら、
まず、電話《でんわ》してみて下《くだ》さい。
時間《じかん》を取《と》って相談《そうだん》や乗車体験《じょうしゃたいけん》もできます。

スマイル・トライプラン

スマイル・トライプラン教習の実態（H24年1月～H26年7月10日まで）

	知的障がい（17人）	発達障がい（7人）	ひきこもり（2人）
免許取得率	100%		
記念メダル獲得者数	6人	3人	1人
修了検定合格率	100%		
卒業検定合格率	94.4%	100%	100%
仮免学科試験受験平均回数	2.06回	1回	1.5回
本免試験受験平均回数	1.17回	1回	1回
効果測定受験平均回数	88.9回（※）	38.7回	18.5回
滞在期間（合宿）	25.6日（最高は42日、最短は16日）		

※効果測定の受験回数は100回を超える方を6人含みます。

保護者様へ

鹿沼自動車教習所

＊＊＊安全運転のためのフォローアップ＊＊＊

この度はご卒業おめでとうございます。この結果はご本人様の努力の賜物です。ご本人様の安全運転を願い、運転サポートについてまとめましたので、ぜひご覧ください。本試験でのご健闘を心よりお祈り申し上げます。

95 頁～ 99 頁：鹿沼自動車教習所の資料

これから直すところ

安全確認が定着してきました。これからも続けて下さい。特に左折での巻き込み確認は大切です。左折の時は、必ず左後ろを見て下さい。

よいところ、続けてほしいところ

落ち着いて運転することができています。免許を取ってからも、慣れない道で焦ったり不安になったりすることはあると思いますが、どこかで休憩したり、じゃまにならない所に停車したりして、一旦落ち着くようにしましょう。

【安全運転のために】

①　運転チェックに参加する

運転技術の向上、苦手さの発見のために運転チェックを行います。また運転データを蓄積することで、他の多くの教習生に役立てることができます。ぜひご参加ください。

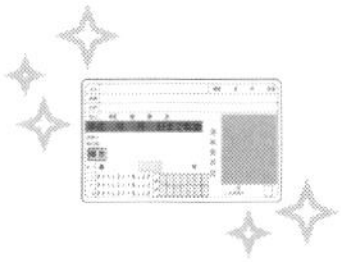

〇免許取得から約１ヶ月後と１年後に行います。

〇2 時間程度の実施となります。

〇教習車を運転し、指導員がアドバイスします。コーディネーターが同乗して見守ります。

〇所内と路上を走行します。

〇運転終了後に、結果シートを使って指導員と振り返りをします。

①乗り出し練習

・免許取得から約１ヶ月後に行います。運転開始直後の不安を解消できるようにします。
・無料で実施致します。

②技能の再確認

・免許取得から約１年後に行います。運転に慣れはじめた頃に、大事な基本を忘れていないかなどを確認します。
・4,700 円（税込 5,076 円）となります。
・おはがきで予定日をお知らせします。
・ご都合のつかない場合は、参加可能日をお知らせください。

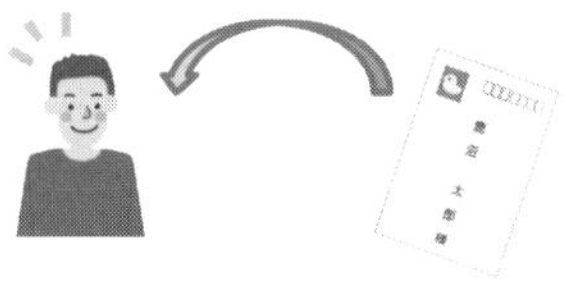

---

②　ヘルプカードを使用する

事故に遭われた際、ご本人様と相手方とのコミュニケーションが難しい場合があるかと思います。事前にお申込みいただきましたお客様には、ヘルプカードを同封致しましたので、ご利用ください。

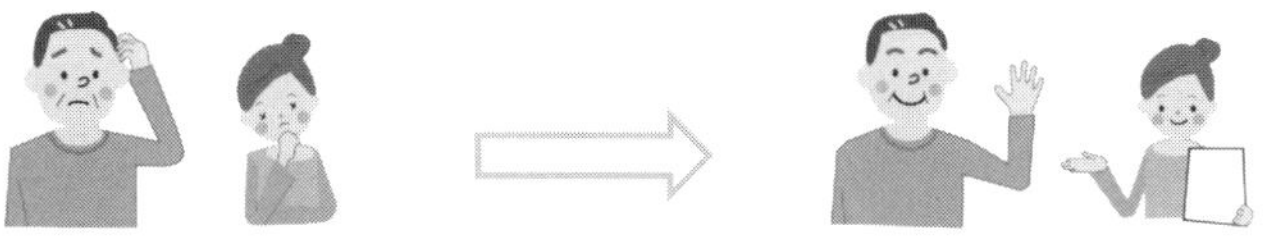

事故相手とうまく話せないかも　　**コミュニケーションカードで解決！**

【万が一の事故時のために】

どんな人でも事故時の対応には混乱し、判断力が低下してしまうものだと思います。事故時の対応の負担を減らすことができる一例をご紹介します。

① GPS機能の活用

警察・消防では、入電があった際にGPS機能が有効であれば、場所を把握し素早く現場に向かえるそうです。普段から、スマートフォンや携帯電話のGPS機能を有効にしていることをお勧めします。

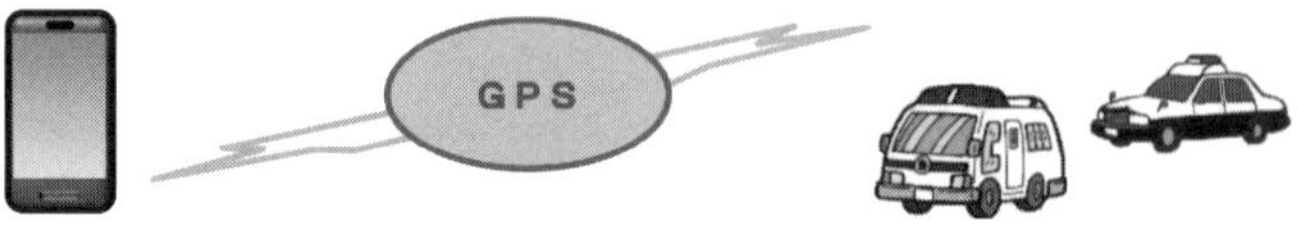

市町村の境で電話をした場合、隣の地域が受信してしまうことがあるそうです。転送まで30秒ほどかかり無音になりますが、間違えて電話を切ってしまう人が多いそうです。無音になっても電話を切らないようにしてください。

② サポート付き任意自動車保険への加入

事故時の対応をサポートしている保険会社があります。

③ ドライブレコーダーの利用

事故時の状況説明が苦手な方でも、ドライブレコーダーがあれば確実な証拠を残せるため、強くお勧めしています。つばさプランの卒業生には、ほとんど装着してもらっています。

＊＊ おわりに ＊＊

事故時の対応の一例をご紹介しましたが、日頃からの安全運転の心掛けが、いちばん大切であることを忘れないでください。ご本人様の豊かな生活とご活躍を、心よりお祈り申し上げております。

鹿沼自動車教習所　一同

表

✿HELPカード✿

裏

私は栃木県鹿沼市に住む
鹿沼　太郎　と申します。

【私は、コミュニケーションの
サポートを必要としています】

(話をするのが苦手です)
可能でしたら、保護者に連絡して下さい。
★保護者連絡先★

氏　　名　鹿沼　さつき　.
電話番号　0289-62-8101　.

資料2

乗り出し1か月後　　　　　　　　　　　　　　　　　　教習所保管用

路上における運転行動観察項目

氏名＿＿＿＿＿＿＿＿　実施日＿＿年　月　日

	項　　　　目	良	否
1. 車両の熟知	○発進時、加速時のアクセルの操作		
	○停止時等のブレーキ操作		
	○カーブ走行や進路変更時のハンドル操作		
	○ミラーの活用		
2. 交通法令の遵守	○道路標識、道路標示に従っているか（見ているか）		
	○交差点での通行方法，車間距離，法定（指定）速度等の原則に従うこと		
3. 社会的（協力的）行動	○歩行者、自転車、子供、お年寄り、障害者等交通弱者に対する態度		
	○渋滞走行の際や優先道路に入る際の運転態度		
	○自己主張をせずに他人に対して譲り合いの気持ちを持っているか		
4. 危険な行為	○見通しの効かない所や、すれ違い時の運転		
	○安全な間隔を空けない側方通過、前の車のすぐ後ろに付きすぎる		
	○「黄色信号」での交差点通過		
	○状況からして速度を出しすぎる（カーブ、濡れた路面）		
	○他の通行車（者）に脅かすような運転の仕方（例：急ブレーキ、突然の車線変更等）		
	内容：		
5. 運転態度の全体の印象	○全体的に安全運転か		
	○落ち着いていて慎重か		
	○運転の習癖・注意したい所		

所内観察表

	課　題　等	観　察　結　果
1	運転態度	□良□注意すべき点（　　　）
2	交差点での右左折方法	□合図□コースの取り□速度調節□安全確認（　　　）
3	直進	□コースの取り方□速度調節□安全確認（　　　）
4	信号機のある交差点	□コースの取り方□速度調節□安全確認（　　　）
5	信号機のない交差点	□コースの取り方□速度調節□安全確認（　　　）
6	進路変更	□合図□開始時期□ハンドル操作□安全確認（　　　）
7	駐車車両等の側方通過	□合図□開始時期□ハンドル操作□安全確認（　　　）
8	坂道発進	□ブレーキの使い方□アクセルとクラッチの使い方（　　　）
9	情報の取り方	□良□注意すべき点（　　　）
10	速度と距離の関係	□良□注意すべき点（　　　）
11	アクセルブレーキの使い方	□良□注意すべき点（　　　）
13	その他注意すべき運転行動	

実施者　指導員＿＿＿＿＿＿＿＿＿＿印

観察細目	チェック 無 ・・・ チェック 1 ・・・ チェック 2 ・・・ チェック 3 ・・・ チェック 4 ・・・	「講習初期」
個別評価		

講習初期段階でコース走行（修了検定コース）、観察細目ごとにチェックして下さい。その後講習、終了時点で「運転診断」（路上Aコース走行）を行って下さい。

総合評価＝100-（合計点）

（合計点）：A=0・B=-1・C=-2・D=-4・E=-5とします。（運転診断・個別評価）

総合評価は、A：100～90点、B：89～80点、C：79～70点、D：69～60点、E：59点以下

〈保管用

運転技能再評価票

□一年後

講習実施日 平成　年　月　日　曜日	実施時間 時　分～　時　分迄	担当指導員 印
卒業年月日 平成　年　月　日	受講者氏名	生年月日　年齢 昭・平　年　月　日　歳
所持免許 **普通 No**	**免許取得年月日** 平成　年　月　日	運転頻度問診 週に　回、　時間程度運転しています

事故.違反の有無	有・無	事故　違反	有の場合、事故違反いずれかに○をして詳細別紙にお願いします

〈項目別評価〉

項目		観察細目	講習初期 チェック	講習初期 個別評価	運転診断 チェック	運転診断 個別評価	メモ欄（特記事項及び評価理由等）
安全措置	乗車・降車	※車両周辺への注意と他車(者)への配慮があるか		A		A	
		1乗車前の死角確認がない	□	B	□	B	
		2接近車両への注意がない	□	C	□	C	
		3降車前の後続車の確認がない	□	D	□	D	
		4ドアの開け方が悪い	□	E	□	E	
	運転姿勢・座席調整	※確実な車両コントロールが出来る姿勢か		A		A	
		1腰の位置が浅い	□	B	□	B	
		2膝が延びている	□	C	□	C	
		3座席から背中が離れている	□	D	□	D	
		4ヘットレストの位置が悪い	□	E	□	E	
運転操作	速度選択	※交通の状況に応じた速度を選択し調整できるか		A		A	
		1流れに同調していない	□	B	□	B	
		2規制速度を意識していない	□	C	□	C	
		3速度不足	□	D	□	D	
		4予備制動がない	□	E	□	E	
	ハンドル操作	※ハンドル操作は適切か		A		A	
		1脱輪・接触が多い	□	B	□	B	
		2ふらつきがある	□	C	□	C	
		3操作が急である	□	D	□	D	
		4個癖がある	□	E	□	E	
	ブレーキ操作	※状況に応じたブレーキの使い方		A		A	
		1危険に応じた構えが無い	□	B	□	B	
		2降車を意識したブレーキがない	□	C	□	C	
		3停止時に急ブレーキである	□	D	□	D	
		4不円滑である	□	E	□	E	
	車間距離	※他車との安全スペースは適切か		A		A	
		1速度に応じた車間距離が短い	□	B	□	B	
		2停止時の車間不足	□	C	□	C	
		3車間距離の取り方が悪い	□	D	□	D	
		4後方を意識していない	□	E	□	E	

資料

項目		観察細目	研修初期		運転診断		メモ欄
			チェック	個別評価	チェック	個別評価	（特記事項及び評価理由等）
遵法意識	交差点右左折	※右左折時の運転方法は適切か		A		A	
		1状況に応じた走行位置不適	□	B	□	B	
		2合図の時期不適	□	C	□	C	
		3判断方法不適	□	D	□	D	
		4速度不良	□	E	□	E	
	一時停止	※一時停止場所への対応は適切か		A		A	
		1徐行で通過（停止をしない）	□	B	□	B	
		2停止位置不適	□	C	□	C	
		3停止後の速度が速い	□	D	□	D	
		4確認範囲が狭い	□	E	□	E	
	標識・表示・信号	※標識・表示・信号を意識し、正しい走行になっている		A		A	
		1規制標識への対応が悪い	□	B	□	B	
		2指示標識への対応が悪い	□	C	□	C	
		3警戒標識（注意がない）	□	D	□	D	
		4信号への対応が悪い	□	E	□	E	
	進路変更	※進路変更（車線変更含む）は適切にできるか		A		A	
		1確認不足（不十分）	□	B	□	B	
		2合図不適（例：早い.遅い）	□	C	□	C	
		3時期不適	□	D	□	D	
		4行動不適（操作が急.加速不良）	□	E	□	E	
	側方通過	※障害物への対応・行き違いは適切か		A		A	
		1間隔不足（狭い）	□	B	□	B	
		2速度不適(速すぎ)	□	C	□	C	
		3行動がもたつく又は慎重すぎ	□	D	□	D	
		4強引な行動	□	E	□	E	
	歩行者保護	※交通弱者に対する態度は適切か		A		A	
		1横断歩道の対応不適	□	B	□	B	
		2道路側端の歩行者への間隔不足	□	C	□	C	
		3横断歩道外での配慮がない	□	D	□	D	
		4歩行者への接近速度が速い	□	E	□	E	
安全走行	運転技量全般	※運転全般への適応性はあるか		A		A	
		1丁寧さに欠ける	□	B	□	B	
		2技量不足・未熟	□	C	□	C	
		3他者との協調性に欠ける	□	D	□	D	
		4車両の間隔や挙動に対する理解不足	□	E	□	E	
	運転マナー	※運転マナー及び常識に欠ける運転態度があるか		A		A	
		1譲り合いの精神に欠ける	□	B	□	B	
		2交通弱者に対する態度不足	□	C	□	C	
		3他車との協調性に欠ける	□	D	□	D	
		4他車(者)への気配りがない	□	E	□	E	
	安全マインド	※運転中にみられた印象として次のものがあげられます		A		A	
		1先急ぎの傾向がある	□	B	□	B	
		2注意力不足である	□	C	□	C	
		3心理的不安が見られる	□	D	□	D	
		4過信や個癖が見られる	□	E	□	E	

＊再評価票原本は、『企業研修の推進の在り方』（(一社）全日本指定自動車教習所協会連合会　企業研修推進調査研究委員会）を元に、鹿沼自動車教習所が作成しました。

発達障害者支援センター　一覧（平成28年4月現在）

都道府県/市	名　　　称	電話番号	所　　　在　　　地
北海道	北海道発達障害者支援センター「あおいそら」	0138-46-0851	〒041-0802 北海道函館市石川町90-7 2F
	北海道発達障害者支援道東地域センター「きら星」	0155-38-8751	〒080-2475 北海道帯広市西25条南4-9
	北海道発達障害者支援道北地域センター「きたのまち」	0166-38-1001	〒078-8391 北海道旭川市宮前1条3丁目3番7号 旭川市障害者福祉センター「おぴった」内
札幌市	札幌市自閉症・発達障がい支援センター「おがる」	011-790-1616	〒007-0032 北海道札幌市東区東雁来12条4-1-5
青森県	青森県発達障害者支援センター「ステップ」	017-777-8201	〒030-0822 青森県青森市中央3-20-30 県民福祉プラザ3F
岩手県	岩手県発達障がい者支援センター「ウィズ」	019-601-2115	〒020-0401 岩手県盛岡市手代森6-10-6 岩手県立療育センター相談支援部内
宮城県	宮城県発達障害者支援センター「えくぼ」	022-376-5306	〒981-3213 宮城県仙台市泉区南中山5-2-1
仙台市	仙台市北部発達相談支援センター「北部アーチル」	022-375-0110	〒981-3133 宮城県仙台市泉区泉中央2-24-1
	仙台市南部発達相談支援センター「南部アーチル」	022-247-3801	〒982-0012 宮城県仙台市太白区長町南3-1-30
秋田県	秋田県発達障害者支援センター「ふきのとう秋田」	018-826-8030	〒010-1407 秋田県秋田市上北手百崎字諏訪ノ沢3-128 秋田県立医療療育センター内
山形県	山形県発達障がい者支援センター	023-673-3314	〒999-3145 山形県上山市河崎3-7-1 山形県立総合療育訓練センター内
福島県	福島県発達障がい者支援センター	024-951-0352	〒963-8041 福島県郡山市富田町字上ノ台4-1 福島県総合療育センター南棟2階
茨城県	茨城県発達障害者支援センター	029-219-1222	〒311-3157 茨城県東茨城郡茨城町小幡北山2766-37 社会福祉法人 梅の里内
栃木県	栃木県発達障害者支援センター「ふぉーゆう」	028-623-6111	〒320-8503 栃木県宇都宮市駒生町3337-1 とちぎリハビリテーションセンター内
群馬県	群馬県発達障害者支援センター	027-254-5380	〒371-0843 群馬県前橋市新前橋町13-12 群馬県社会福祉総合センター7階
埼玉県	埼玉県発達障害者支援センター「まほろば」	049-239-3553	〒350-0813 埼玉県川越市平塚新田東河原201-2
さいたま市	さいたま市発達障害者支援センター	048-859-7422	〒338-0013 埼玉県さいたま市中央区鈴谷7-5-7 さいたま市障害者総合支援センター内1階
千葉県	千葉県発達障害者支援センター「CAS（きゃす）」	043-227-8557	〒260-0856 千葉県千葉市中央区亥鼻2-9-3
	千葉県発達障害者支援センター「CAS（きゃす）東葛飾」	04-7165-2515	〒270-1151 千葉県我孫子市本町3-1-2 けやきプラザ4階
千葉市	千葉市発達障害者支援センター	043-303-6088	〒261-0003 千葉県千葉市美浜区高浜4-8-3 千葉市療育センター内
東京都	東京都発達障害者支援センター「TOSCA（トスカ）」	03-3426-2318	〒156-0055 東京都世田谷区船橋1-30-9
神奈川県	神奈川県発達障害支援センター「かながわA（エース）」	0465-81-3717	〒259-0157 神奈川県足柄上郡中井町境218 中井やまゆり園内
横浜市	横浜市発達障害者支援センター	045-334-8611	〒231-0047 横浜市中区羽衣町2-4-4 エバーズ第8関内ビル5階
川崎市	川崎市発達相談支援センター	044-223-3304	〒210-0006 神奈川県川崎市川崎区砂子1-7-5 タカシゲビル3F
相模原市	相模原市発達障害支援センター	042-756-8410	〒252-0226 神奈川県相模原市中央区陽光台3-19-2 相模原市立療育センター陽光園内
山梨県	山梨県立こころの発達総合支援センター	055-254-8631	〒400-0005 山梨県甲府市北新1-2-12 山梨県福祉プラザ4階
長野県	長野県発達障がい者支援センター	026-227-1810	〒380-0928 長野県長野市若里7-1-7 長野県社会福祉総合センター2階 長野県精神保健福祉センター内
岐阜県	岐阜県発達障害者支援センター「のぞみ」	058-233-5116	〒502-0854 岐阜県岐阜市鷺山向井2563-57 岐阜県立希望が丘学園内
静岡県	静岡県発達障害者支援センター「あいら」	054-286-9038	〒422-8031 静岡県静岡市駿河区有明町2-20 静岡総合庁舎別館3階
静岡市	静岡市発達障害者支援センター「きらり」	054-285-1124	〒422-8006 静岡県静岡市駿河区曲金5-3-30 静岡医療福祉センター4F
浜松市	浜松市発達相談支援センター「ルピロ」	053-459-2721	〒430-0933 浜松市中区鍛冶町100-1 ザザシティ浜松 中央館5階
愛知県	あいち発達障害者支援センター	0568-88-0811 （内2222）	〒480-0392 愛知県春日井市神屋町713-8 愛知県心身障害者コロニー運用部療育支援課
名古屋市	名古屋市発達障害者支援センター「りんくす名古屋」	052-757-6140	〒466-0858 愛知県名古屋市昭和区折戸町4-16 児童福祉センター内
三重県	三重県自閉症・発達障害支援センター「あさけ」	059-394-3412	〒510-1326 三重県三重郡菰野町杉谷1573
	三重県自閉症・発達障害支援センター「れんげ」	0598-86-3911	〒519-2703 三重県度会郡大紀町滝原1195-1
新潟県	新潟県発達障がい者支援センター「RISE（ライズ）」	025-266-7033	〒951-8121 新潟県新潟市中央区水道町1-5932 新潟県はまぐみ小児療育センター2F
新潟市	新潟市発達障がい支援センター 「JOIN（ジョイン）」	025-234-5340	〒951-8121 新潟県新潟市中央区水道町1-5932-621
富山県	富山県発達障害者支援センター「ほっぷ」	076-438-8415	〒931-8517 富山県富山市下飯野36
石川県	石川県発達障害支援センター	076-238-5557	〒920-8201 石川県金沢市鞍月東2-6 石川県こころの健康センター内
	発達障害者支援センター「パース」	076-257-5551	〒920-3123 石川県金沢市福久東1-56 オフィスオーセド2F

平成28年4月現在

都道府県/市	名称	電話番号	所在地
福井県	福井県発達障害児者支援センター「スクラム福井」嶺南(敦賀)	0770-21-2346	〒914-0144 福井県敦賀市桜ケ丘町8-6 野坂の郷内
	福井県発達障害児者支援センター「スクラム福井」福井	0776-22-0370	〒910-0026 福井県福井市光陽2-3-36 福井県総合福祉相談所内
	福井県発達障害児者支援センター「スクラム福井」奥越(大野)	0779-66-1133	〒912-0061 福井県大野市篠座79-53 希望園内
滋賀県	滋賀県発達障害者支援センター	077-561-2522	〒525-0072 滋賀県草津市笠山八丁目5-130 むれやま荘内
京都府	京都府発達障害者支援センター「はばたき」	075-644-6565	〒612-8416 京都府京都市伏見区竹田流池町120 京都府精神保健福祉総合センター内
京都市	京都市発達障害者支援センター「かがやき」	075-841-0375	〒602-8144 京都府京都市上京区丸太町通黒門東入藁屋町536-1
大阪府	大阪府発達障がい者支援センター「アクトおおさか」	06-6100-3003	〒532-0023 大阪府大阪市淀川区十三東1-1-6
大阪市	大阪市発達障がい者支援センター「エルムおおさか」	06-6797-6931	〒547-0026 大阪府大阪市平野区喜連西6-2-55 大阪市立心身障がい者リハビリテーションセンター2F
堺市	堺市発達障害者支援センター「アプリコット堺」	072-275-8506	〒590-0808 大阪府堺市堺区旭ケ丘中町4丁3-1 堺市立健康福祉プラザ3階
兵庫県	ひょうご発達障害者支援センター「クローバー」	079-254-3601	〒671-0122 兵庫県高砂市北浜町北脇519
	ひょうご発達障害者支援センター「クローバー」(加西ブランチ)	0790-43-3860	〒675-2321 兵庫県加西市北条町東高室959-1 地域生活支援事務所 はんど内
	ひょうご発達障害者支援センター「クローバー」(芦屋ブランチ)	0797-22-5025	〒659-0015 兵庫県芦屋市楠町16-5
	ひょうご発達障害者支援センター「クローバー」(豊岡ブランチ)	0796-37-8006	〒668-0065 兵庫県豊岡市戸牧1029-11 北但広域療育センター 風内
	ひょうご発達障害者支援センター「クローバー」(宝塚ブランチ)	0797-71-4300	〒665-0035 兵庫県宝塚市逆瀬川1-2-1 アピア1 4階
	ひょうご発達障害者支援センター「クローバー」(上郡ブランチ)	0791-56-6380	〒678-1262 兵庫県赤穂郡上郡町岩木甲701-42 地域障害者多目的作業所 フレンズ内
神戸市	神戸市発達障害者支援センター	078-382-2760	〒650-0044 兵庫県神戸市中央区東川崎町1-3-3 神戸ハーバーランドセンタービル9階
奈良県	奈良県発達障害支援センター「でぃあー」	0742-62-7746	〒630-8424 奈良県奈良市古市町1-2 奈良仔鹿園内
和歌山県	和歌山県発達障害者支援センター「ポラリス」	073-413-3200	〒641-0044 和歌山県和歌山市今福3-5-41 愛徳医療福祉センター内
鳥取県	「エール」鳥取県発達障がい者支援センター	0858-22-7208	〒682-0854 鳥取県倉吉市みどり町3564-1 鳥取県立皆成学園内
島根県	島根県東部発達障害者支援センター「ウィッシュ」	050-3387-8699	〒699-0822 島根県出雲市神西沖町2534-2
	島根県西部発達障害者支援センター「ウィンド」	0855-28-0208	〒697-0005 島根県浜田市上府町イ2589 こくぶ学園内
岡山県	おかやま発達障害者支援センター(本所)	086-275-9277	〒703-8555 岡山県岡山市北区祇園866
	おかやま発達障害者支援センター(県北支所)	0868-22-1717	〒708-8510 岡山県津山市田町31 津山教育事務所内
岡山市	岡山市発達障害者支援センター	086-236-0051	〒700-0905 岡山県岡山市北区春日町5-6 岡山市勤労者福祉センター1階
広島県	広島県発達障害者支援センター	082-490-3455	〒739-0001 広島県東広島市西条町西条414-31 サポートオフィスQUEST内
広島市	広島市発達障害者支援センター	082-568-7328	〒732-0052 広島県広島市東区光町2-15-55 広島市児童総合相談センター内
山口県	山口県発達障害者支援センター「まっぷ」	083-929-5012	〒753-0302 山口県山口市仁保中郷50
徳島県	徳島県発達障がい者総合支援センター「ハナミズキ」	0885-34-9001	〒773-0015 徳島県小松島市中田町新開2-2
香川県	香川県発達障害者支援センター「アルプスかがわ」	087-866-6001	〒761-8057 香川県高松市田村町1114 かがわ総合リハビリテーションセンター内
愛媛県	愛媛県発達障害者支援センター「あい・ゆう」	089-955-5532	〒791-0212 愛媛県東温市田窪2135 愛媛県立子ども療育センター1F
高知県	高知県立療育福祉センター発達支援部	088-844-1247	〒780-8081 高知県高知市若草町10-5
福岡県	福岡県発達障害者支援センター「ゆう・もあ」	0947-46-9505	〒825-0004 福岡県田川市夏吉4205-7
	福岡県発達障害者支援センター「あおぞら」	0942-52-3455	〒834-0122 福岡県八女郡広川町一條1361-2
北九州市	北九州市発達障害者支援センター「つばさ」	093-922-5523	〒802-0803 福岡県北九州市小倉南区春ケ丘10-2 北九州市立総合療育センター内
福岡市	福岡市発達障がい者支援センター「ゆうゆうセンター」	092-845-0040	〒810-0065 福岡県福岡市中央区地行浜2-1-6 福岡市発達教育センター内
佐賀県	佐賀県発達障害者支援センター「結」	0942-81-5728	〒841-0073 佐賀県鳥栖市江島町字西谷3300-1
長崎県	長崎県発達障害者支援センター「しおさい(潮彩)」	0957-22-1802	〒854-0071 長崎県諫早市永昌東町24-3 長崎県こども医療福祉センター内

平成28年4月現在

都道府県/市	名称	電話番号	所在地
熊本県	熊本県北部発達障がい者支援センター「わっふる」	096-293-8189	〒869-1235 熊本県菊池郡大津町室213-6 さくらビル2階
	熊本県南部発達障がい者支援センター「わるつ」	0965-62-8839	〒866-0885 熊本県八代市永碇町1297-1 森内ビル201号室
熊本市	熊本市発達障がい者支援センター「みなわ」	096-366-1919	〒862-0971 熊本県熊本市中央区大江5丁目1番1号 ウェルパルくまもと2F
大分県	大分県発達障がい者支援センター「ECOAL(イコール)」	097-513-1880	〒870-0047 大分市中島西1丁目4番14号 市民の権利ビル202
宮崎県	宮崎県中央発達障害者支援センター	0985-85-7660	〒889-1601 宮崎県宮崎郡清武町大字木原4257-7 ひまわり学園内
	宮崎県延岡発達障害者支援センター	0982-23-8560	〒889-0514 宮崎県延岡市櫛津町3427－4 ひかり学園内
	宮崎県都城発達障害者支援センター	0986-22-2633	〒885-0094 宮崎県都城市都原町7171 高千穂学園内
鹿児島県	鹿児島県発達障害者支援センター	099-264-3720	〒891-0175 鹿児島県鹿児島市桜ヶ丘6-12 鹿児島県こども総合療育センター内
沖縄県	沖縄県発達障害者支援センター「がじゅま～る」	098-982-2113	〒904-2173 沖縄県沖縄市比屋根5-2-17 沖縄中部療育医療センター内

全国の発達障害者支援センター一覧
http://www.rehab.go.jp/ddis/ 相談窓口の情報 /

資料

あとがき

発達障害のある方が免許を取得する一連のプロセスは、私ども、ご本人、保護者、教育関係者等にとってさまざまな示唆を含んでいることを知らされました。入所に際しての成育歴、知能検査などこの際いろいろ調べてみること。障害について改めて見つめ直す機会となること。ご家族も再発見し、成長し、免許取得がご家族全体の成功体験となる。ご本人は、明るくなった自己を発見し「私もほしかった免許証」と言った方の言葉が耳に残ります。

私は、公務員時代に15年ほど教育行政に携わり、さまざまな生きづらさを抱えた子どもたちと出会い、コミュニケーションから社会参加まで多くの課題に苦しむ姿を見てきました。この子たちを社会にしっかり送り出せない大人たちの責任はどうすればいいのか。このことは、大きく構えると日本社会の活力維持など社会的課題であるとさえ感じていました。

その後、縁あって教習所業界に来ましたところ、やはり同様の困難さに苦しみ、途中退所される18歳成人を見ることになりました。自動車教習所は、たった1か月の短期間ですが、されど「入学（壁）」「学校（学び）」「能力（成長）」「卒業（試験）」「資格（社会基準の評価）」が存在するところなのです。そして、「運転」とは、表現はあいまいですが、「総合人間力」と表現される方もいます。「見えにくい障害」がゆえに教育界ではない一般社会に近い「教習所」では、なおのこと生きづらいことでしょう。

私的な思いから始まり、「大人の責任」「会社の責任に相応しい特別支援品質」までを抱えて、梅永研究室を訪れ、パイロット事業を勧められ、現行の支援システムを構築するためのすべてにご支援をいただきました。パイロット事業は、梅永先生のスーパーバイズで行われ、全指連の吉田専務理事（元）、ＣＣＶ学園の福田理事長のご支援を賜りながら、教習所というリアルな臨床研究の「場」である鹿沼自動車教習所で行われました。ここで蓄積・開発した成果は、日本における発達障害者免許取得支援マニュアルのスタンダードとなり、生きづらさを抱えた方々への支援といった社会的課題の解決の一助になると確信しております。

ロビーの人混みに苦しんだり、学科に集中できなかったり、「うちの子に免許なんて無理！」「運転させたら危ない！」「免許がないから就職に不利」、こんな困難さに真正面から取り組んでくださった梅永教授のご支援に心より感謝を申し上げます。

（株）鹿沼自動車教習所 代表取締役　古沢正己

●編著者

梅永　雄二（うめなが・ゆうじ）

早稲田大学 教育・総合科学学術院教育心理学専修　教授　博士（教育学）
臨床心理士、自閉症スペクトラム支援士Expert、特別支援教育士SV
1983年慶応義塾大学卒業後、障害者職業カウンセラーとして、地域障害者職業センターに勤務。障害者職業総合センター研究員を経て、1998年明星大学人文学部専任講師、2000年助教授。2003年宇都宮大学教育学部教授。2015年4月より現職。
著作に、『こんなサポートがあれば！―LD、ADHD、アスペルガー症候群、高機能自閉症の人たち自身の声―（１～３）』（エンパワメント研究所）、『自立をかなえる！〈特別支援教育〉ライフスキルトレーニング スタートブック』（明治図書）、『大人のアスペルガーがわかる-他人の気持ちを想像できない人たち』（朝日新聞出版）、『発達障害者の雇用支援ノート』(金剛出版)、『アスペルガー症候群・高機能自閉症の人のハローワーク』（監修・明石書店）、『仕事がしたい！発達障害がある人の就労相談』（明石書店）など多数

●著者

栗村　健一（くりむら・けんいち）

鹿沼自動車教習所　主任コーディネーター
宇都宮大学大学院にて教育学研究科特別支援教育専修を専修。在学中、梅永雄二教授のもと、（株）鹿沼自動車教習所において、発達障害者の運転免許取得支援に携わる。卒業後、同社に発達障害専門の支援員として入社。

森下　高博（もりした・たかひろ）

Mランド益田校　副管理者、検定員、クオリティー部部長
主任交通心理士、心身機能活性療法2級指導士
1970年島根県生まれ。
松山大学法学部法学科卒。
比治山大学大学院現代文化研究科修士課程修了。

本書は、クラウドファンディングサービス「READYFOR」を通して、
以下のみなさまから資金のご支援をいただきました。ありがとうございます。

大和田 康子
堀内 美緒
三宮華子
古屋 瞭
発達障害当事者協会
白鳥　政人
渡邉利絵
堀米　則子
小林 茂
日置節子
小林博
早乙女　薫
大野　技
株式会社ツバキ薬粧
I.S.support
松元雅俊
芳賀祥子
山口千秋
林田宏一
大久保和美
太田真
東川博昭
岡田優子
周南子ども発達相談センター
デュオヘラ有限会社
高緑 千苗
江上 顕生
笠井由美
山下眞史
冨樫恭平
金子直由

霜田浩信
照屋　富士巳
黒葛原健太朗
平尾真麻
北橋俊江
木村　智則
中野潤子
河村雄一
鍜治山　洋
成田 知子
飯塚慎司
東盛絢子
安藤誠治
河合高鋭
天埜　芳樹
竹ケ原　克哉
佐久間幸巳
河本英敏
田所裕二
日置晋平
高松直樹
高橋泰宏
広島国際大学眞砂照美
中村朋子
赤羽伸之
久保山茂樹
レデックス株式会社
鈴木美津子
柳澤絵里子
ゴトウ　サンパチ
上野真哉

石井亜弥
飯島尚高
齋藤　佐
塩見ちあき
和田大志
柏　和美
本多隆司
佐藤惠美
明城　和子
鈴木あづみ
桒野雄介
丸田浩美
平田　里美
岡野　孝之
細見泰弘
坪内厚子
秋庭 寛志
樋口　信子
五味洋一
篠原透
武内美佳
土橋秀子
フジコン
小林真樹
利根川初美
磯辺勇
亀田　文代
加藤潔

他8名
なお、敬称は略させていただきました

発達障害者と自動車運転
－免許の取得と教習のためのQ&A－

発行日　2016年6月20日　初版第1刷（3,000部）
編　著　梅永　雄二
著　者　栗村 健一、森下　高博
発　行　エンパワメント研究所
〒176-0011　東京都練馬区豊玉上2-24-1　スペース96内
TEL 03-3991-9600　FAX 03-3991-9634
https://www.space96.com
e-mail：qwk01077@nifty.com
編集・制作　七七舎　　装幀　石原雅彦
表紙・本文イラスト　コミックスパイラる（井上秀一）
印刷　シナノ印刷株式会社

ISBN978-4-907576-42-4

発達障害《はったつしょうがい》のある方《かた》の
運転免許取得応援《うんてんめんきょしゅとくおうえん》
つばさプラン

✳ 発達障害に詳しい
コーディネーターがサポート

✳ 優しい指導員によるチーム指導

✳ NPO 法人 CCV と連携し、
専門性を強化

全国初の
発達障害者支援校

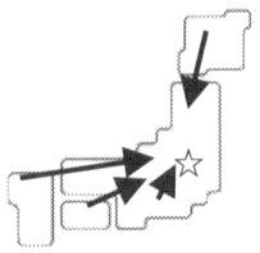

全国から参加しています！
（合宿あり）

まずはお気軽に
お問合せください！

【住所】栃木県鹿沼市玉田町 144-5
【Tel】0289-62-8101
【Mail】tsubasa@kanuma-ds.co.jp
☆見学や体験乗車も行えます。

ホームページはこちら↑